JN314822

厳選された究極の300問

TOEIC® TEST 800点突破！リスニング問題集

松本　恵美子
Matsumoto Emiko

Jリサーチ出版

TOEIC is a registered trademark of Educational Testing Service (ETS).
This publication is not endorsed or approved by ETS.

受験者へのメッセージ

リスニングで得点を稼(かせ)ぐための基礎力をガッチリ身につける

英語を聞いて理解するリスニングはとても複雑な作業です。日本語だと「イヌ」という音を聞いて、「犬」の姿を思い描くことができますね。そして、もう少し長い文「おばあさんに吠えている犬はすごく大きい」と聞いたら、大きな犬がおばあさんに向かって吠えている様子が頭に浮かぶはずです。しかし、同じ文を英語で聞いたらどうでしょう?

The dog barking at my ground mother is very big.

と聞いた瞬間に、日本語で聞いたときと同じように状況を想像することは実はとても難しいのです。

私が皆さんに教室でリスニングを指導するときには、英語の構造を頭にたたきこみ→音声が流れた瞬間に英語の語順で理解し→それを日本語で→次に英語でアウトプットする、というトレーニングを徹底的に行います。TOEICをはじめとする難易度の高い資格試験の指導を続けてきて、この学習法は大学生、社会人の学習者に対し非常に効果的でした。

真剣に取り組んでくれた学習者のほとんどが「リスニングの基本が分かった」「英語で聞くことが身についた気がする」と手ごたえをつかんでくれました。それだけでなく最初はTOEIC 400点、500点台だったのに800点、900点を取得した受験者も大勢います。

正解への手がかりを探る技術を問題から学び取る

本当のリスニング力を身につけることはとても重要で、その過程は楽しいけれども大変な作業です。しかし、なんとTOEICにおいては、試験の特性上、リスニングをマスターする途中の段階にいる受験者でも高得点を取得することが簡単にできます。

その理由は「問題用紙を先に見ることができるから」です。

他の試験と比較してもTOEICはリスニングの音声に入るまえに問題の手がかりをつかむ時間の余裕は十分にある、と言えるでしょう。Part 1では写真をじっくり見て、Part 3、Part 4では問題を先読みするという視覚的メリットを存分に活用してください。

本書では可能な限り、英語が聞こえた順に理解、写真・問題に目を通しておくという方法をベースに解説を進めています。

つまりPart 1では選択肢の音声が流れる順番に、Part 2では設問を記憶にとどめたまま、Part 3・4では問われている内容を頭に残しながら音声の文章を待つ、というリスニングの手順を身につけて欲しいという思いを込めて執筆いたしました。

皆様の多くにとってTOEICでは英語学習の最終目標ではないかも知れません。それでも高得点を目指すために努力する過程は、長く、多くのエネルギーを費やすことになるでしょう。

私は皆様がTOEIC学習に取り組む時間ができるだけ楽しく、有意義なものであって欲しいと心より願っています。直接教室でお会いできなくても本書を通じて、皆様の英語学習を応援しています。本書を利用し、高得点を取得され、その先にある皆様のさらに大きな夢の実現に少しでもお役に立てるようお祈りしています。

著者　**松本恵美子**

CONTENTS

本書の利用法

本書ではTOEICのリスニングセクションの実践トレーニングができます。本番のテスト（リスニング 100 問）と同じ問題形式で3セット分（300 問）あります。問題文のアナウンスは2枚の付属CDに収録されています。「問題」は切り離しのできる別冊に、「正解・解説」は本体に収録されています。

別冊 模擬テスト▶問題

▶CD-1 50

80. What is the report mainly about?

(A) Industrial technologies

(B) Production regulations

(C) Business reorganization

(D) International market share

Ⓐ Ⓑ Ⓒ Ⓓ

81. What has been claimed in the Web site press release?

(A) Negotiations are completed.

(B) Factories will be upgraded.

(C) Jobs will currently be maintained.

(D) More manufacturing will be done in Canada.

Ⓐ Ⓑ Ⓒ Ⓓ

82. According to the report, what is Amberson Pharmaceutical Corporation concerned about?

(A) Matching competitors' performance

(B) Making production platforms safer

(C) Keeping communications private

(D) Hiring expert staff

Ⓐ Ⓑ Ⓒ Ⓓ

CDトラック番号

▶CD-1 23

CDの番号を示します

各CDのトラック番号を示します

トラックは復習しやすいように、Part 1は2問ごと、Part 2は1問ごと、Part 3とPart 4は1パッセージ（会話・説明文）ごとに区切って録音されています。

模擬テスト▶正解・解説

23.　正解 (C)　☆　　米▶加　CD-1 19

解説 How about ～? で始まる、提案を表す文の問題。french fries はフライドポテトの意味であるが、(A) は「フランス語の達人」と French を別の意味で使用している。(B) の scream は「叫ぶ」の意で、設問に答えていない。(C) は「少し後で」と言っており、これが正解。

スクリプト
How about ordering pizza and some french fries?
(A) I thought you were a French expert.
(B) I am so nervous that I could scream.
(C) Perhaps a little later, after I finish this report.

スクリプトの訳
ピザとフライドポテトを注文するのはどうですか。
(A) あなたはフランス語の達人だと思っていました。
(B) 私は不安で叫びたいくらいです。
(C) 少し後、レポートを終わらせてからがいいです。

ボキャブラリー
□ **pizza** 名 ピザ　□ **french fries** フライドポテト
□ **expert** 名 専門家　□ **nervous** 形 不安定な
□ **scream** 動 悲鳴をあげる

●正解・解説
正解にたどり着くまでのプロセス・注意点を詳しく解説しています。

●難易度
☆の数で表します。☆：基礎　☆☆：標準　☆☆☆：高度

●英語の国籍
米（アメリカ）・英（イギリス）・豪（オーストラリア）・カ（カナダ）の音声を表示します。

●スクリプト
放送される問題文の英文スクリプトです。聞き取れなかった部分をチェックするのにご利用ください。

●スクリプト訳
スクリプトの全訳です。

●設問・選択肢訳
設問と選択肢も全訳を掲載しています。

●ボキャブラリー
頻出する単語・熟語・慣用表現をピックアップしました。知らないものはしっかり復習しておきましょう。

TOEIC TEST リスニングの鉄則

パート1～4までそれぞれの問題の特徴と、
その攻略法をまとめています。
スコアアップのためのポイントを
しっかり押さえておきましょう。

Part 1（写真描写問題） 10問

概要 写真を見ながら聞こえてくる(A)(B)(C)(D)の４つの選択肢の中から写真の内容を最も適切に表しているものを選ぶ。リスニングの最初で、比較的易しいパートであり、得意とする受験者も多い。できるだけ満点近くを取ることを目指そう。

鉄則❶ 選択肢(A)(B)(C)(D)を聞きながら「正解◎」「間違い×」を一つずつ決める。

試験中は問題用紙への書き込みは禁止されている。したがって解答用紙のみに解答を記入することになるが、パート1では(A)～(D)の選択肢を聞きながらマークシートの正解と思われるマーク欄で鉛筆を止め、最後まで聞いて確認してから黒く塗りつぶすようにすると確実である。

鉄則❷ 写真にないものは答えにならない。

Part 1は「写真描写問題」である。選択肢が聞こえている間に英文の主語、動詞、目的語が全て写真と一致しているかどうか確認しよう。例えば写真に男性が一人だけ写っているのに主語がThey、Peopleなどの複数で始まっていたら、その選択肢は間違いである。

主語が合っていたら、次に動詞を確認。例えば**男性が本を読んでいる写真**ではHe is writing ～やHe is eating ～は選ばずに**He is reading a book.**を答えとして選ぶ。同じ写真で目的語が違う場合、例えばHe is reading a newspaper.やHe is reading a brochure.は間違いである。

鉄則❸ 動詞の時制に着目し、主観的な憶測は不正解。

Part 1の正解でもっとも多い時制は「現在進行形」と「現在形」である。その理由は「過去形」や「未来形」の文は写真で表現することが難しいからだ。例えば**The woman is buying a suitcase.（現在進行形）**は写真を表す文として正解になるが、**The woman bought a suitcase.（過去形）**や**The woman will buy a suitcase.（未来形）**は写真を見ただけで正解だと断定するのは困難だ。同様の理由でThe woman is very kind.など主観的な感情を表した表現は不正解になる。

Part 2（応答問題） 30問

概要 **聞こえてくる設問に対する応答として最も適切なものを読み上げられる (A)(B)(C) の３つの選択肢の中から選ぶ。問題ごとの選択肢は印刷されていないため、解答するのに視覚的なヒントは一切ない。リスニングを得意としている受験者にとっては高得点を取りやすいパートであると言える。**

鉄則① 設問の最初の語を必ず覚えておくこと。

Part 2の設問で多いのが疑問詞 When/Where/What/Who/Why/How で始まる疑問文である。設問がこの疑問詞で始まったら選択肢 (A)(B)(C) の音声をすべて聞き終わるまでその疑問詞とそれに続く文を頭の中でリピートする。例えば Who will be answering questions? と設問を聞いたら「誰？誰？誰？」とつぶやきながら「人」に関する答えを待つ。それができたら次の段階では同じ設問をできるだけ長く頭の中で保持し、「誰が質問に答えるか?」と状況を想像しながら選択肢の音声を待つようにする。

鉄則② 主語と動詞を聞き取ること。

疑問詞を覚えることができたら、次は主語と動詞を覚えておく。疑問詞には正しく対応していても主語や動詞が正しく対応していないパターンに惑わされないよう注意。例えば **When will you give a presentation?**「あなたはいつプレゼンをしますか?」という設問に対して **Tuesday, I guess.**（疑問詞 When? に対応している）は正解であるが、Tom will do on Tuesday.（トムが火曜日にします）だと主語が違うので間違い。I called the reception desk.（私が受付に電話をしました）だと動詞が設問に対応していないので間違いである。

鉄則③ 設問と同じ、または発音の似ている単語が出てきたらトラップだと疑うこと。

例えば鉄則②と同じ設問 When will you give a presentation? に対して I will choose a present for you. という選択肢が出てきたら、疑問詞、主語は正しいが、動詞が対応していないので間違いである。しかし、それを確認する前に設問の presentation に発音の似ている present が選択肢に入っていることだけで、音声だけに頼っている受験者はこの選択肢を選びやすい、ということを覚えておこう。Part 2の誤答選択肢には受験者を惑わすために設問に似た音の語が含まれる。しかし、それは間違いである可能性が高いのである。

Part 3（会話問題）　30問

概要 2人の会話に続いて、問題用紙に印刷されている設問3問を聞き、それぞれ(A)(B)(C)(D)の4つの選択肢を読んで解答する。
会話はA-B-A-Bのパターンがほとんどである。会話のリスニング力に加えて、設問、選択肢を一瞬で読み取る速読力も必要とされる。

鉄則❶ 設問と選択肢を必ず先に読んでおく。

会話文の音声が流れる前に設問と選択肢を読んでおく。設問を最初に読んでおくことで聞き取りポイントの手がかりを把握し、重要箇所で集中力を高めるだけで効率良く得点を確保することができる。また選択肢に先に目を通すことで会話の全体像がイメージできることも多く、全体把握の助けになる。

鉄則❷ 答えが分かった順番に解答用紙に軽く印を入れておく。

では、設問を先に読む具体的な時間をみてみよう。Part 2終了直後にPart 3のディレクションが流れる。このディレクションは出題形式を説明しているだけなので、準備さえしていれば大事な本番の試験中に集中して聞く必要はない。この時間をQ41からQ43まで3問の設問と選択肢を読む時間に充てよう。あらかじめ読んでおいた設問と選択肢の内容を頭に描きながら会話を聞き、会話中に正解が分かった時点で解答用紙の該当箇所に軽くチェックを入れておく。

鉄則❸ リスニング中は解答用紙を黒く塗らない。

会話中に解答する際にマークシートの解答欄を黒く塗りつぶさないようにしよう。マークシートを黒く塗るのには1つに平均2〜3秒かかる。1つの会話当たり3問ではかなりの時間のロスになる。この時間は次の設問を読むことにエネルギーを注ごう。つまり会話が終わった時点では解答用紙へのチェックは終わっていて、音声がQ41の設問を読み始めたときにはQ41の問題を解くのではなく、3問先のQ44の設問の先読みを始めている。というペースをリスニング終了まで保つことが必要となる。

リスニング終了時にはQ41からQ100までのマークシートの解答欄は軽くチェックが入っただけの状態である。これを黒く塗りつぶすのはリーディングセクションが始まって最短時間でPart 5、6を終わらせたあと、集中力が少し切れたPart 7の途中辺りで、休憩時間を自分に与えるつもりで1、2分でマークすることをお勧めする。

Part 4（説明文問題） 30問

概要 **1人の話し手による説明文を聞いて、問題用紙に印刷されている設問3問を聞き、(A)(B)(C)(D) の４つの選択肢を読んで最も適切なものを選ぶ。**
リスニングセクションの中でも難易度の高いパートと感じる受験生も多いが、出題形式は限られているため、問題のパターンを理解し、準備をして本番に臨むことがハイスコア取得のために非常に重要。

鉄則❶ 設問と選択肢をあらかじめ読んでおく。

問題を先に読むことが重要なのは Part 3 の鉄則と同じ。Part 4 はさらに説明文が長くなるので先読みが必須。そうしないと、細かい内容をすべて聞き取り、覚えておいてから解答しなければならなくなる。

鉄則❷ 設問の順番に説明文も流れているのであきらめないこと。

一つの説明文にある3つの設問に対応するポイントはその順番どおりに説明文中に現われることがほとんど。例えば 1 問目 (Q71 など) は説明文全体に関する設問が多く、冒頭や前半を聞くと解答できる。 2問目 (Q72 など) は具体的な内容や詳細が問われ、日時、場所、問題点、理由などが選択肢に並んでいることが多いので、例えば選択肢に数値が並んでいたら数字に着目して音声を聞けばよいことになる。 3問目 (Q73 など) は説明文の最後の方に述べられることに関して問われることが多い。したがって、説明文のほとんどの意味をとることができなかったとしても、最後の方だけをあきらめずに聞いていれば3問目だけでも解答できる可能性は高い。最後まであきらめないこと。これは Part 3 にも共通する攻略の鉄則であるので必ず覚えておこう。

鉄則❸ 指示文から全体を予測。

Part4 は一人の人物が一貫した内容を話しているため、頻出パターンを覚えておくと問題が比較的易しく、身近なものに感じられるだろう。説明文の前に Question 71 through 73 refer to the following talk. との一文が流れ、この指示文の最後の一語から、説明文の種類が分かる。

この talk の場合、この問題の説明文には「社員向けの発表」「説明会でのあいさつ」など announcement と聞こえたら「社員向けのアナウンス」「社内研修のお知らせ」などが流れる。speech と聞こえたら「昇進のスピーチ」「受賞のスピーチ」「機長のあいさつ」「搭乗案内」、その他 recorded information「施設などの利用案内」「旅行案内」、telephone message「留守番電話のメッセージ」、broadcast「天気予報」「交通情報」、advertisement「広告」「告知」、report「社内の報告」「研究報告」など、指示文のバリエーションを把握しておこう。

巻末の問題冊子を取り出して、CD の準備もできたら、
さっそくテストにチャレンジしてください

テスト1
〈正解・解説〉

1. 正解：(C) ☆

英　▶CD-1 2

解説 (A) 人々は写真の中に見えるが、橋を渡っているわけではない。(B) 人々は何かを待っているように見える。また「船」も写真に写っているが、人々が乗船しようとしているのではないので、不正解。(C)「車が大型客船の上に止められた」とあり、これが正解。現在完了形が正解になる一つの例である。(D)「車」も「止められている様子」も写真に見えるが、信号機は写真の中にない。

スクリプト
(A) Several people are crossing a bridge.
(B) People are waiting to board the ship.
(C) Cars have been parked on a vessel.
(D) Cars are stopped for a traffic light.

スクリプトの訳
(A) 何人かの人々が橋を渡っている。
(B) 人々は船に乗るのを待っている。
(C) 何台かの車が大型客船の上に停車されたところだ。
(D) 何台かの車が信号で止まっている。

ボキャブラリー
- □ **cross** 他 横断する
- □ **board** 他 乗る
- □ **vessel** 名 船
- □ **traffic light** 名 信号

---

2. 正解：(A) ☆

米

解説 一人の女性が写真に写っている。この問題の選択肢の主語はすべて「女性」である。動作に着目すると、(A)「仕事をしている」が正解だと分かる。(B) 写真にボトルの水が見えるが、女性が今飲んでいるわけではない。(C) putting on は現在身に着けて作業をしていることを表す表現である。写真はエプロンを着脱している様子ではない。(D) 女性は右の手に何かを持って作業をしている。手を振っているのではない。

スクリプト
(A) A woman is engaged in her job.
(B) A woman is drinking a bottle of water.
(C) A woman is putting on her apron.
(D) A woman is waving her right hand.

スクリプトの訳
(A) 女性が仕事に従事している。
(B) 女性がボトルの水を飲んでいる。
(C) 女性はエプロンを今、身に着けているところだ。
(D) 女性は右手を振っている。

ボキャブラリー
- □ **engage (in)** 他（話に）引き込む
- □ **apron** 名 エプロン
- □ **wave** 他 振る

3. 正解：(D) ☆

加 ▶CD-1 3

解説 選択肢の全ての主語が They であり、写真と一致している。(A) 選択肢の最後に band という音が聞こえるが、「楽隊」の意味で使用されているのではない。(B) は「彼らは行進している」まで正しいが、楽器の種類が鍵盤楽器ではない。(C) の drama は「演劇」の意味。単語だけを聞いて drummer「ドラム奏者」と勘違いしないように。(D) の「打楽器を演奏している」が正解である。

スクリプト
(A) They are both wearing headbands.
(B) They are marching with keyboard instruments.
(C) They are performing a drama on a stage.
(D) They are playing percussion instruments.

スクリプトの訳
(A) 彼らはどちらもヘアバンドを付けている。
(B) 彼らはキーボードの楽器を持って行進している。
(C) 彼らはステージ上でドラマを演奏している。
(D) 彼らは打楽器を演奏している。

ボキャブラリー
- ☐ **headband** 名 ヘアバンド
- ☐ **march** 自 行進する
- ☐ **perform** 自 演じる
- ☐ **percussion instrument** 打楽器

---

4. 正解：(A) ☆☆

豪

解説 (A)「講堂には人がいない」が正解。(B) の chairs は写真の中に見えるが、「指導者」はいないので不正解。(C) 最後に聞こえる round の音が耳に残るため、座席が教壇を取り囲むように並んでいる写真の状態が正解のように思えるが、ここは「劇場」ではない。(D) stepladders は「梯子（はしご）」の意味。「階段」だと勘違いをすると (D) に誤答してしまう。

スクリプト
(A) An auditorium is empty of people.
(B) Chairs are placed around an instructor.
(C) The shape of the theater is round.
(D) Stepladders are set up next to the chairs.

スクリプトの訳
(A) 講堂には人がいない。
(B) 椅子が指導者の周りに置かれている。
(C) 劇場の形は丸である。
(D) 梯子が椅子の横に取り付けられている。

ボキャブラリー
- ☐ **auditorium** 名 講堂
- ☐ **empty** 形 空の
- ☐ **instructor** 名 教師
- ☐ **stepladder** 名 はしご

5. 正解：(A) ☆☆

英 ▶CD-1 4

解説 ここは野球場であり、観客で座席が埋まっているので (A) が正解。(B) people are waiting と音が聞こえ、ここまでは「人々は待っている」ので合っているが、「映画」は観ていない。(C) ballroom は球技をする部屋のことではなく、「舞踏室」である。(D) は写真の中に light が見えるが、選択肢の flashlight は「懐中電灯」の意味。battery は「電池」の意で、ここでは野球の投手と捕手のことではない。

スクリプト
(A) The stadium is crowded with spectators.
(B) People are waiting to watch a movie.
(C) People are dancing in a ballroom.
(D) The flashlight is battery-powered.

スクリプトの訳
(A) 野球場は観客でいっぱいだ。
(B) 人々は映画を観るために待っている。
(C) 人々は舞踏室で踊っている。
(D) 懐中電灯は電池式である。

ボキャブラリー
- □ **stadium** 名 野球場
- □ **spectator** 名 観客
- □ **ballroom** 名 舞踏室
- □ **flashlight** 名 懐中電灯
- □ **battery** 名 電池

---

6. 正解：(D) ☆

米

解説 図書館で男性が本を読んでいる写真である。(A) は主語の a man が写真と一致しているが、動詞が「手を伸ばす」であり、不正解。(B) は主語、動詞までが合っているが、男性が読んでいる物は「新聞」ではない。(C) 写真の中に magazines「雑誌」はたくさんあるかもしれないが、机の上には何も広げられていない。(D) は「本が棚の中に整理されている」と言っているので、これが正解である。

スクリプト
(A) A man is reaching for a book.
(B) A man is reading a newspaper.
(C) Magazines have been spread out on the desks.
(D) The books are arranged on the shelves.

スクリプトの訳
(A) 男性が本に手を伸ばしている。
(B) 男性は新聞を読んでいる。
(C) 雑誌が机の上に何冊も広げてある。
(D) 本が棚に整理されている。

ボキャブラリー
- □ **reach** 自 手を伸ばす
- □ **spread** 他 広げる
- □ **arrange** 他 整理する

7. 正解：(B) ☆

加　CD-1 5

解説 (A) 写真に見えるのは湖かもしれないが、魚釣りはしていない。(B) の「オールを使って漕いでいる」が正解。(C) 彼らはボートの上にいて、泳いでいない。したがって不正解。写真に water は見えるが、選択肢 (D) の water は「水をやる」の意味の動詞で使われている。音声の一単語だけ聞き取って写真と一致していると満足していると、簡単に誤答選択肢に引っかかってしまうので注意が必要。

スクリプト

(A) They are fishing on a lake.
(B) They are rowing with oars.
(C) They are swimming at the beach.
(D) They are watering some plants.

スクリプトの訳

(A) 彼らは湖で魚釣りをしている。
(B) 彼らはオールを使って漕いでいる。
(C) 彼らはビーチで泳いでいる。
(D) 彼らは植物に水をやっている。

ボキャブラリー

□ **row** 自 ボートをこぐ　□ **oar** 名 オール
□ **water** 他 水をやる

---

8. 正解：(A) ☆☆

豪

解説 様々な種類のフルーツが販売されている写真。(A) が正解である。(B) 写真の中にないもの、動きは正解にならない。They are purchasing ～と聞いた時点で購入している人物が見当たらないことから (B) は不正解。選択肢の最後の単語 food は耳に残りやすいが、それだけが写真と一致しているからといって正解に選ばないように注意。(C) は apple が写真の中にあるが、もぎ取っているのではない。(D) dairy products「乳製品」の意味。

スクリプト

(A) Various types of fruit are on display.
(B) They are purchasing some food.
(C) He is picking an apple from the branch.
(D) Some dairy products are laid out for sale.

スクリプトの訳

(A) 沢山の種類のフルーツが展示されている。
(B) 彼らは食べ物を購入している。
(C) 彼は枝からリンゴをもぎ取っている。
(D) いくつかの乳製品が販売のために並んでいる。

ボキャブラリー

□ **display** 名 陳列　□ **purchase** 他 購入する
□ **pick** 他 摘み取る　□ **branch** 名 枝
□ **dairy products** 乳製品

9. 正解：(D) ☆☆

英 ▶CD-1 6

解説 (A) 写真の中には乗り物 vehicles が見えるが、止まっているので同じ方向に進んではいない。(B) 雪に覆われているのは車であり、船ではない。(C) 人々は絵の中に見えないので Some people と主語が聞こえた時点で不正解とする。(D) 車が道の両側に止まっているので、これが正解である。

スクリプト
(A) The vehicles are moving in the same direction.
(B) The vessels are covered with snow.
(C) Some people are crossing the paved road.
(D) Cars are parked on both sides of the street.

スクリプトの訳
(A) 乗り物は同じ方向に向かって動いている。
(B) 船は雪に覆われている。
(C) 何人かの人々は舗装された道を横切っている。
(D) 車は道の両側に止められている。

ボキャブラリー
□ **vehicle** 名 乗り物　□ **vessel** 名 船
□ **pave** 形 舗装された

---

10. 正解：(B) ☆

米

解説 (A) 男性2人はシンクではなくグリルの方に立って料理をしているので食器を洗っているのではない。(B) 写真の右側のテーブルに皿が何枚か並べられている。したがって (B) が正解である。(C) 男性がオーブンにパンを入れている様子はない。(D) 男性と少年の手元は見えないが、男性は大皿料理の準備、少年は鍋の前で何かを調理している。「卵をかき混ぜている」様子ではない。

スクリプト
(A) Eating utensils are being washed.
(B) Some dishes have been placed on the counter.
(C) A man is putting a loaf of bread in a microwave oven.
(D) A man and a boy are beating eggs in bowls.

スクリプトの訳
(A) 食事用の道具が洗われているところである。
(B) 何枚かの皿がテーブルの上に置かれている。
(C) 男性はオーブンにパン一斤を入れているところである。
(D) 男性と少年はボウルの中の卵をかき混ぜている。

ボキャブラリー
□ **utensil** 名 道具　□ **loaf** 名 パン一斤
□ **microwave** 名 電子レンジ　□ **beat** 他 かき混ぜる

11. 正解 (B) ☆

加 ▶ 豪　▶CD-1 7

解説 May I ～? から始まる、相手の許可を問う問題。設問の最後の語、calling? より、電話での会話だと分かる。(A) は called の音が含まれているので引っかかりやすいが、she が指す人物が不明。自分の名前を言っている (B) が正解である。(C) は電話での受け答えの一部であり、Mary と人物名も入っているが who に対する答えだと勘違いしないように。Part2 では会話の流れを意識するようにしよう。

スクリプト　May I ask who's calling?
(A) She called in sick today.
(B) This is Patrick Jones from Rose Corporation.
(C) Let me speak to Mary, please.

スクリプト　(電話で) どちら様ですか。
(A) 彼女から病欠の電話が今日ありました。
(B) ローズコーポレーションのパトリック・ジョーンズです。
(C) メアリーと話をさせて下さい。

ボキャブラリー　□ **call** 自 電話をかける　□ **corporation** 名 企業

---

12. 正解 (C) ☆

米 ▶ 英　▶CD-1 8

解説 疑問文でない、普通の文「どうぞ楽にしてください」に答えるパターン。設問の最後が home と聞こえるため、これを「家」と直訳してしまうと、「家」を言い換えた house の音を含む (A) に誤答してしまう。(B) も設問と同じ音の home が文に含まれるが、設問は相手が家にいる時間帯を聞いているわけではない。(C) は相手の申し出に対して「ありがとう」とお礼を述べているので、これが正解である。

スクリプト　Please come in and make yourself at home.
(A) I am not a good housekeeper.
(B) I will be home at 11:30 p.m.
(C) Thank you. I love your office, Mr. Wilson.

スクリプトの訳　どうぞ中に入って、楽にしてください。
(A) 私は良い主婦ではありません。
(B) 私は午後11時30分には家にいるでしょう。
(C) ありがとうございます。いいオフィスですね、ウィルソンさん。

ボキャブラリー　□ **make yourself at home** 楽にしてください
□ **housekeeper** 名 主婦

13.　正解 (A)　☆☆

米 ▶ 加　▶CD-1 9

解説 Would you ～？で始まる、相手の許可を問う問題。Would you mind if ～？は、直訳すると「～してもあなたは気にしませんか？」つまり「～してもいいですか？」の意味。(A) は No と答えることで「いいえ、気にしません」つまり「(暖房を消しても) いいですよ (私も暑いと感じていたので)」の意味になり、これが正解。(B) は食事について聞かれた場合の応答であり、不正解。(C) も質問に対する答えとして不適切。

スクリプト
Would you mind if I turned off the heater?
(A) No, actually, I feel hot, too.
(B) I would like ham and eggs, please.
(C) Yes, the heater keeps turning off.

スクリプトの訳
暖房を消してもいいでしょうか。
(A) はい、本当は私も暑いと感じています。
(B) ハムエッグをお願いします。
(C) はい、暖房はずっと消えたままです。

ボキャブラリー
☐ **mind** 自 気にする
☐ **turn off** 消す
☐ **heater** 名 暖房器具

14.　正解 (A)　☆

英 ▶ 豪　▶CD-1 10

解説 疑問詞で始まる問題は Part2 で多く出題される。ここでは who で始まる疑問文の問題。「誰」と聞かれているのに対し、人の名前を挙げている (A) が正解である。(B) は representative の一部に設問と同じ present の音が含まれているように聞こえる。また、主語は人であるが時制が現在完了形であり、答えとして不適切。(C) は場所を聞かれた場合の応答だと考えられるので間違い。

スクリプト
Who is responsible for presenting the report?
(A) I think Mr. Powell is.
(B) The sales representative has been there.
(C) Next to the new office building.

スクリプトの訳
そのレポートの口頭発表をするのは誰の責任ですか。
(A) パウエル氏だと思います。
(B) 営業の代表がそこにいました。
(C) 新しいオフィスビルの隣です。

ボキャブラリー
☐ **responsible** 形 責任のある
☐ **present** 他 提案する・発表する
☐ **representative** 名 代表者

15. 正解 (B) ☆☆

加 ▶ 米 ▶CD-1 11

解説 Shouldn't で始まる否定疑問文。Shouldn't ～？と聞こえたら、「～べきではないのですか？」という意味が即座に思い浮かぶように練習しておこう。「不良品を保管しておくべきではないか？」に対して、(A) は「はい（保管すべき）」までは合っているが、infectious の発音の一部が defective と似て誤答を誘う。(B) No の後に保管できない理由を述べている (B) が正解。(C) は products と最後の単語が設問と一致するが、不正解。

スクリプト
Shouldn't we keep those defective products?
(A) Yes, we should keep away from infectious disease.
(B) No, the warehouse has no room to store them.
(C) He is busy promoting new products.

スクリプトの訳
それらの不良品を保管しておくべきではないのですか。
(A) そうですね。私たちは伝染病を寄せ付けない必要があります。
(B) いいえ、倉庫にはそれらを保管する場所がありません。
(C) 彼は新商品の販促に忙しいです。

ボキャブラリー
- □ **defective product** 不良品
- □ **infectious disease** 伝染病
- □ **warehouse** 名 倉庫
- □ **room** 名 場所
- □ **store** 他 保管する
- □ **promote** 他 促進する

---

16. 正解 (C) ☆

豪 ▶ 英 ▶CD-1 12

解説 疑問詞を使わない疑問文に答える問題。「シンディーは本当に結婚するのですか？」に対して (A) は主語が She で始まっているが、時制が過去形であり、不正解。(B) は sing の音が Cindy と似ているが、会話が成立していない。(C) の「疑う余地はありません」が「彼女は絶対に結婚しますよ」との話し手の確信を表しているので、正解である。

スクリプト
Is Cindy really going to get married?
(A) She certainly did.
(B) Why don't we sing it together?
(C) There is no doubt about it.

スクリプトの訳
シンディーは本当に結婚するのですか。
(A) 彼女は確かにしましたよ。
(B) 一緒にそれを歌うのはいかがですか。
(C) 疑う余地はありません。

ボキャブラリー
- □ **marry** 他 結婚する
- □ **certainly** 副 確かに
- □ **doubt** 名 疑い

17.　正解 (B)　☆☆

豪 ▶ 加　▶CD-1 13

解説 Can you ～？で始まる依頼の文。「紙幣をくずしてもらえますか?」との設問に対して (A) は「金づち」があるかどうかについて聞き返している。正解は (B) で、1階の銀行に行くことを提案することによって「自分は両替できないけれど、代替案がある」と相手の質問に対する会話が成立している。(C) は現在の依頼に対して過去のことを答えているので不正解。

スクリプト

Can you break a 50-dollar bill?
(A) Do you have a hammer?
(B) Why don't you use the bank on the ground floor?
(C) I changed it 2 days ago.

スクリプトの訳

50ドル紙幣をくずしてもらえますか。
(A) 金づちはありますか。
(B) 1階の銀行を使ったらいかがですか。
(C) 2日前にそれを両替しました。

ボキャブラリー

□ **break** 他 こわす・くずす
□ **hammer** 名 金づち
□ **ground floor** 一階
□ **bill** 名 紙幣
□ **bank** 名 銀行
□ **change** 他 変える、両替する

18.　正解 (C)　☆

英 ▶ 米　▶CD-1 14

解説 疑問詞 Where ～？で始まる疑問文。「どこ?」と聞かれているので場所を表す語を含む選択肢が答えになる。(A) は設問の head を名詞と誤解すると、それに対して関連のありそうな hat と聞こえるが、「帽子を食卓に忘れてきた」では今から向かっているところが分からないので不正解。(B) は head の音が設問と一致するのみ。(C) が「マネージャーのオフィスです」と場所を答えているので正解となる。

スクリプト

Where are you headed?
(A) No, I left my hat on the dining table.
(B) She likes the design of this letterhead.
(C) The manager's office.

スクリプトの訳

どこに向かっているのですか。
(A) いいえ、私は食卓の上に帽子を忘れました。
(B) 彼女はこのレターヘッドのデザインが好きです。
(C) マネージャーのオフィスです。

ボキャブラリー

□ **head** 他 向ける、進める
□ **dining table** ダイニングテーブル
□ **letterhead** 名 レターヘッド

19. 正解 (A) ☆☆

加 ▶ 豪　▶CD-1 15

解説 疑問文でない、平叙文に答える問題。「会えると思っていたのに」に対して、「ごめんなさい」と答えた後に昨日、その式典に行けなかった理由を述べている (A) が正解である。(B) は「また会いましょう」と言っているが、未来形であることと、話し手の不満に答えていないので不正解。(C) は ceremony と関連のありそうな reception desk の語が用いられているが、会話が成立していない。

スクリプト
I thought I would see you at the Brook's ceremony.
(A) Sorry. My brother asked me to help him move yesterday.
(B) I will see you soon.
(C) You should check at the reception desk.

スクリプトの訳
ブルックスの式典であなたに会えると思っていたのに。
(A) ごめん。昨日、弟が引越しの手伝いをするように頼んできたからさ。
(B) また会いましょう。
(C) 受付係のところを見てくるべきですよ。

ボキャブラリー
- □ **ceremony** 名 式典
- □ **move** 自 転居する
- □ **check** 自 確認する
- □ **reception desk** 受付係

---

20. 正解 (C) ☆☆

米 ▶ 英　▶CD-1 16

解説 Haven't you ～? で始まる否定疑問文。「どこかでお会いしませんでしたか?」に対して (A) は第三者が主語であり、未来形で答えているので不正解。(B) も現在の訪問希望地を答えている。「はい」と言った後に過去に会った場所を答えている (C) が正解である。

スクリプト
Haven't I seen you somewhere before?
(A) Sam will see you next week, after the meeting.
(B) I would like to visit Italy.
(C) Yes, we met at the conference in London.

スクリプトの訳
どこかでお会いしたことがありませんか。
(A) サムはあなたに来週、ミーティングの後でお会いします。
(B) イタリアに行きたいです。
(C) はい、ロンドンでの会議でお会いしましたね。

ボキャブラリー
- □ **somewhere** 副 どこかで
- □ **conference** 名 会議

21. 正解 (C) ☆☆

加 ▶ 米 ▶CD-1 17

解説 疑問詞 How ～? で始まる疑問文。設問ではロビンス氏が勤務している期間を聞いている。(A) は数字を含むので How long ～? の答えのようにも思えるがここでは「物の長さ」に関する答えは不正解。(B) も数字が出てくる。設問の branch が「木の枝」の意味で用いられているので間違い。(C) は勤務している期間を答えているので、これが正解である。

スクリプト

How long has Ms. Robbins been working at your branch?
(A) Approximately 6 meters long.
(B) The branch took 10 years to grow.
(C) Since I first started here 3 years ago.

スクリプトの訳

ロビンス氏はどれくらいあなたの支店で勤務しているのですか。
(A) およそ6メートルです。
(B) その枝は成長するのに10年かかりました。
(C) ここで私が3年前に勤務し始めてからです。

ボキャブラリー

☐ **branch** 名 支店
☐ **grow** 自 成長する
☐ **approximately** 副 おおよそ

---

22. 正解 (A) ☆☆

豪 ▶ 英 ▶CD-1 18

解説 疑問詞のつかない疑問文、2つのうちどちらかを選択する文の問題。この場合、どちらかを直接答えるのではなく、言い換えたものが正解になるパターンが多い。ここでは (A) の「早い方がいいです」ということで今週に休暇を取りたいとの希望を示している。(B) は「急行列車」の語から「休暇」を連想するかもしれないが、不正解。(C) は vacation の単語のみ設問と一致する。

スクリプト

Do you want to take a vacation this week or sometime next week?
(A) Sooner would be better.
(B) Let's take the special express train.
(C) It's good vacation weather.

スクリプトの訳

今週休暇を取りたいですか、それとも来週のいつかにしますか。
(A) 早い方がいいです。
(B) 特別急行電車に乗りましょう。
(C) よいお休み日和です。

ボキャブラリー

☐ **take a vacation** 休暇をとる
☐ **express train** 急行電車
☐ **special** 形 特別の
☐ **weather** 名 天気

23. 正解 (C) ☆

米 ▶ 加　CD-1 19

解説 How about ～? で始まる、提案を表す文の問題。french fries はフライドポテトの意味であるが、(A) は「フランス語の達人」と French を別の意味で使用している。(B) の scream は「叫ぶ」の意で、設問に答えていない。(C) は「少し後で」と言っており、これが正解。

スクリプト
How about ordering pizza and some french fries?
(A) I thought you were a French expert.
(B) I am so nervous that I could scream.
(C) Perhaps a little later, after I finish this report.

スクリプトの訳
ピザとフライドポテトを注文するのはどうですか。
(A) あなたはフランス語の達人だと思っていました。
(B) 私は不安で叫びたいくらいです。
(C) 少し後、レポートを終わらせてからがいいです。

ボキャブラリー
- □ **pizza** 名 ピザ
- □ **french fries** フライドポテト
- □ **expert** 名 専門家
- □ **nervous** 形 不安定な
- □ **scream** 自 悲鳴をあげる

---

24. 正解 (B) ☆

英 ▶ 豪　CD-1 20

解説 疑問詞 Where ～? で始まる疑問文。「どこ?」と聞かれているので場所について答えている選択肢が正解になる。(A) は「メキシコです」と場所を答えているが、はさみを保管しておく場所を答えているわけではない。(B) の「引き出しのケースの中」が正解。(C) は設問の scissors と同様に [s] で始まる単語が2語含まれているので惑わされないように。

スクリプト
Where do you usually keep the scissors?
(A) In Mexico
(B) In a small case in my top drawer
(C) To see my elder sister

スクリプトの訳
いつもはさみをどこに保管しているのですか。
(A) メキシコです。
(B) 私の一番上の引き出しの小さなケースの中です。
(C) 姉に会うためです。

ボキャブラリー
- □ **scissors** 名 はさみ
- □ **drawer** 名 引き出し
- □ **elder sister** 姉

25.　正解 (A)　☆

米 ▶ 英　▶CD-1 21

解説 疑問詞 What ～? で始まる疑問文。「何をしていますか?」に対して、最近、熱中していることを答えている (A) が正解。(B) は「職業は何ですか?」(What do you do for a living?) に対する応答である。(C) は上司が独身かどうかに対する応答。free の意味を取り違えないよう注意。

スクリプト

What do you do in your free time?

(A) Lately, I've been into golf.

(B) I am a freelance news reporter.

(C) My boss is a single man.

スクリプトの訳

自由な時間は何をしていますか。

(A) 最近はゴルフにはまっています。

(B) 私はフリーランスのニュースレポーターです。

(C) 私の上司は独身です。

ボキャブラリー

□ **into** 前 熱中して　□ **freelance** 形 フリーランサーの

□ **reporter** 名 報道員　□ **single** 形 独身の

26.　正解 (C)　☆☆

加 ▶ 豪　▶CD-1 22

解説 付加疑問文に答える問題。最近は Yes, I did. や No, I didn't. のような簡単な選択肢は正答でない場合が多い。この問題の場合 Yes/No で始まる選択肢すらない。(A)「それはいい考えですね」は提案を受けた場合の答え。(B) は「掲示板」が「展覧会場」と関連があるようにも思えるが、会話がつながっていない。(C) が「昔、ありましたね」と答えている。

スクリプト

We have visited this exhibition site before, haven't we?

(A) That's a good idea.

(B) How about on the bulletin board in front of the cafeteria?

(C) A long time ago.

スクリプトの訳

私たちはこの展覧会場に来たことがありますよね。

(A) それはいい考えですね。

(B) 喫茶店の前の掲示板に、というのはいかがですか。

(C) 遠い昔に来ましたね。

ボキャブラリー

□ **exhibition** 名 展覧会　□ **site** 名 場所

□ **bulletin board** 掲示板　□ **cafeteria** 名 喫茶店

27. 正解 (B) ☆

英▶米 ▶CD-1 23

解説 When ～? で始まる疑問文。「締め切りはいつですか?」に対して (A) は「することがたくさんあります」と言っているが、「いつ」に対する答えになっていない。(B) は期限を述べており、これが正解。(C) は valuable, evaluations と、設問に出てくる単語と同じ発音を含む語で惑わすパターン。

スクリプト

When is the evaluation form due?
(A) I've got a lot of things to do.
(B) By the end of this quarter.
(C) Thank you for your valuable speech on evaluations this morning.

スクリプトの訳

考査表の締め切りはいつですか。
(A) 私にはするべきことがたくさんあります。
(B) 今期の終わりまでです。
(C) 評価に関する、今朝の貴重なスピーチをありがとうございました。

ボキャブラリー

- □ **evaluation** 名 評価
- □ **form** 名 書式
- □ **due** 形 期限が来た
- □ **quarter** 名 一季
- □ **valuable** 形 価値の高い

---

28. 正解 (B) ☆☆

豪▶加 ▶CD-1 24

解説 Have ～? で始まる、疑問詞のつかない疑問文。blue prints は草案の意。(A) は設問の blue print に対してイエローページと答えているが、特に色に関する質問ではないので不正解。「もう見ましたか?」に対して、「はい、(しかし) 質問があります」という会話の流れを作る (B) が正解。(C) も blue を「青い(ドレス)」として扱っている。

スクリプト

Have you looked at the blue prints?
(A) I looked it up in the Yellow Pages.
(B) Yes, May I ask you a question about them?
(C) Yes, blue printed dresses are pretty.

スクリプトの訳

草案をもうご覧になりましたか。
(A) 私はイエローページを調べました。
(B) はい、それについて質問をしてもいいですか。
(C) はい、青いプリントのドレスはきれいです。

ボキャブラリー

- □ **blue print** 草案
- □ **Yellow Pages** 職業別ページ
- □ **dress** 名 ドレス

29. 正解 (C) ☆

豪 ▶ 英　▶CD-1 25

解説 Would ～? で始まる、丁寧な依頼の文。「取り換えてもらえますか?」に対して (A) は「ごゆっくりどうぞ」と言っている。質問している人物とされている人物の状況を理解できると、これが間違いだと分かる。(B) は場所を聞かれた場合の応答である。(C) は依頼に対して「喜んで」と答えているので正解となる。

スクリプト

Would you please change the light bulb in the restroom?
(A) Take your time.
(B) Right across from the library.
(C) Sure, I'd be happy to.

スクリプトの訳

レストルームの電球を取り換えてもらえますか。
(A) ごゆっくりどうぞ。
(B) ちょうど図書館の向かいです。
(C) もちろん、喜んでします。

ボキャブラリー

□ **light bulb**　電球
□ **rest room**　洗面所
□ **take your time**　ごゆっくりどうぞ
□ **across**　前 向こう側に

---

30. 正解 (A) ☆

加 ▶ 米　▶CD-1 26

解説 疑問詞 How ～? で始まる疑問文。「ランチはどうでしたか?」に対して (A) は一度「よかったです」と答えて、その後に詳細を述べている。これが正解。(B) は because で始まり、「おいしかった」と言っているが、何の理由かが不明。(C) は No で始まっているが、それに続く「計画がありません」が質問とは関連がない。

スクリプト

How was lunch with Tom and your wife?
(A) Good, my wife thinks he is polite.
(B) Because it is tasty.
(C) No, I don't have any plans.

スクリプトの訳

トムとあなたの奥さんのランチはいかがでしたか。
(A) はい、妻は彼が礼儀正しいと言っておりました。
(B) それはおいしかったからです。
(C) いいえ、特に計画はありません。

ボキャブラリー

□ **polite**　形 礼儀正しい
□ **tasty**　形 おいしい

31. 正解 (A) ☆☆

英 ▶ 豪　▶CD-1 27

解説 Will ～？で始まる依頼文。「お金を貸してほしい」との依頼に対して、正解は (A) で、「絶対に貸しません」と強く相手の依頼を拒絶している。(B) は「ありがとう」で始まっており、「お金を貸してほしい」と依頼をされた人物の受け答えとして不適当。(C) は「もちろん」と言っているが、その後の「古くなければ」が設問と合っていない。

スクリプト
Will you lend me 40 dollars?
(A) Not on your life.
(B) Thank you. That would be lovely.
(C) Sure, if it's not too old.

スクリプトの訳
40ドル貸してもらえませんか。
(A) 絶対に貸しません。
(B) ありがとう。それは素晴らしいですね。
(C) もちろん、そんなに古くなければいいですよ。

ボキャブラリー
□ **lend** 他 貸す　□ **lovely** 形 素晴らしい

---

32. 正解 (C) ☆☆☆

米 ▶ 加　▶CD-1 28

解説 付加疑問文の問題。Part2 では Yes/No の答えにかかわらず、会話がきちんと流れている選択肢を正解とする。ここでは「今日は休日ですよね？」に対して、「はい」と答えてから第三者について言及する (A) ではなく、But で始まり、休みなのに出社している理由を述べている (C) が正解である。ちなみに (B) は day off の off と turned off の off の一致により誤答を誘っている。

スクリプト
It is your day off, isn't it?
(A) Yes, she certainly did.
(B) Of course, I turned off the monitor.
(C) But, I am substituting for Ms. Robinson.

スクリプトの訳
今日はあなたの休日ですよね。
(A) はい、彼女は確かにしました。
(B) もちろん、私はモニターの電源を切りました。
(C) でも、私はロビンソンさんの代わりに来ています。

ボキャブラリー
□ **day off** 休日　□ **certainly** 副 確実に
□ **monitor** 名 スクリーン　□ **substitute** 他 代理になる

33. 正解 (B) ☆☆

加 ▶ 豪　CD-1 29

解説 疑問詞を使わない疑問文、Do you know ～? に対して、単純に Yes I do./No I don't. だけの応答が正答であることは少ない。(A) は No と答えた後に「知らない」と言う内容が「郵便局行きのバスについて」ではないので間違い。(B) は知っているか、知らないかについて直接は答えていないが、郵便局行きバスについて知る方法を教えているので会話が流れており、正解。(C) は bus と both の発音の始まりが若干似ているのみ。

スクリプト

Do you know if there is a bus that goes to the post office?
(A) No, I don't know about the postal regulations.
(B) There is an information board of the bus routes at the station.
(C) I will take them both.

スクリプトの訳

郵便局行きのバスがあるかどうか知っていますか。
(A) いいえ、私は郵便規則について知りません。
(B) 駅にバス路線図の掲示板がありますよ。
(C) 私は両方買います。

ボキャブラリー

- □ **post office** 郵便局
- □ **postal** 形 郵便の
- □ **regulation** 名 規制
- □ **information** 名 情報

---

34. 正解 (A) ☆

米 ▶ 英　CD-1 30

解説 疑問詞 How ～? で始まる疑問文。How did you like ～? は「～についてどう思いましたか?」の意。設問に答えているのは (A) のみで、「(講義は難しくて) 完全に見失いました」と言っているので正解。設問の derivatives の意味が分からなくても設問の時制が過去形なのに対して (B) は未来形なので不正解と分かる。(C) は I did not like ～までは正解のように思えるが、professional athlete は応答としてそぐわない。

スクリプト

How did you like the professor's lecture about the derivatives?
(A) I was completely lost.
(B) I will visit the aquarium on Saturday.
(C) I did not like the professional athlete.

スクリプトの訳

金融派生商品に関する教授の講義についてどう思いましたか。
(A) 完全に分からなくなりました。
(B) 私は土曜日にその水族館に行きます。
(C) 私はそのプロのアスリートが好きではありません。

ボキャブラリー

- □ **lecture** 名 講演
- □ **derivative** 名 金融派生商品
- □ **completely** 副 完全に
- □ **aquarium** 名 水族館

35. 正解 (A) ☆☆

豪▶加 ▶CD-1 31

解説 疑問詞 When ～? で始まる疑問文。「いつ?」に対して時間を表す表現を待つところであるが、(A) は「まだ未定です」と言っていて、会話が成立しているので正解とする。(B) は「これを試着してもいいですか?」と言っており、設問の closing を clothing「衣類」と勘違いした場合の誤答を誘っている。(C) は設問の branch を「木の枝」と解釈すると惑わされるので注意。

スクリプト
When is the local branch closing down?
(A) It's still up in the air.
(B) May I try this dress on?
(C) It was in full bloom last spring.

スクリプトの訳
その地方の支店はいつ閉店するのですか。
(A) それはまだ未定です。
(B) これを試着してもいいですか。
(C) この花は春には満開でした。

ボキャブラリー
□ **close down**　店閉まいする
□ **up in the air**　未定である
□ **full bloom**　満開である

---

36. 正解 (C) ☆☆☆

米▶英 ▶CD-1 32

解説 平叙文に答える問題。「工場でたくさん時間を過ごしているようですね」との語りかけに対して選択肢 (A), (B) どちらも答えに数字が含まれているが、(A) は「値段」、(B) は「現在の時刻」に関する応答であり、どちらも不正解。(C) は工場で過ごしている理由を述べているので会話が成立し、正解だと分かる。

スクリプト
You sure seem to have spent a lot of time at the factory.
(A) Less than 70 dollars.
(B) It is five 5:30.
(C) There was an unexpected delay in manufacturing.

スクリプトの訳
工場で本当にたくさんの時間を過ごしているようですね。
(A) 70ドル以下です。
(B) 今、5時30分です。
(C) 製造過程に不測の遅れがあったからです。

ボキャブラリー
□ **factory** 名 工場
□ **unexpected** 形 予期せぬ
□ **delay** 名 遅れ
□ **manufacturing** 名 製造

37. 正解 (A) ☆

豪 ▶ 英　CD-1 33

解説 疑問詞 How ～？で始まる疑問文。靴の値段を聞かれているのに対して (A) は「(分からないので) マネージャーに聞いてみます」と言っており、会話が流れているので正解である。(B)「冗談でしょう！」は靴の値段を聞かれたときの応答としては不適当。(C) は leg が設問の「靴」に関連しているが、pull one's leg は「からかう」の意のイディオムであり、主語も he なので会話が成立せず、不正解。

スクリプト

How much are these shoes?
(A) Let me ask the manager.
(B) You must be kidding!
(C) I think he is pulling your leg.

スクリプトの訳

この靴はいくらですか。
(A) マネージャーに聞いてみます。
(B) 冗談でしょう！
(C) 彼は私をからかっていると思います。

ボキャブラリー

□ **You must be kidding!**　冗談でしょう！
□ **pull one's leg**　からかう

---

38. 正解 (B) ☆☆

加 ▶ 米　CD-1 34

解説 疑問詞を使わない疑問文。feel like ～ ing は「～したい気がする」の意のイディオム。(A) は Do you ～？に対して Yes と答えているが、現在の気分を聞かれているのに対し、過去形で答えているので不適当。(B) が「その無料セミナーを活用するべき」と、セミナーに積極的に参加したい理由を述べており、正解となる。(C) は設問と同じように Do you ～？で始まっている。similar の音が seminar と似ているので注意が必要。

スクリプト

Do you feel like going to the seminar this weekend?
(A) Yes, I certainly did.
(B) We should take advantage of the free session.
(C) Do you mean she has a similar ticket?

スクリプトの訳

今週末にセミナーに参加したい気分ですか。
(A) はい、確かにそうしました。
(B) 私たちはその無料セミナーを活用するべきです。
(C) 彼女が同じようなチケットを持っているということですか。

ボキャブラリー

□ **seminar** 名 セミナー
□ **free** 形 無料の
□ **ticket** 名 入場券
□ **take advantage of**　利用する
□ **similar** 形 似ている

39. 正解 (A) ☆☆

英 ▶ 豪　CD-1 35

解説 疑問詞 Where ～? で始まる疑問文。椅子が買える場所を聞かれているのに対し、リサイクルショップの場所を紹介している (A) が正解である。(B) は「ケーキ皿を買いたい」と言っており、椅子を買う場所とは関連がない。(C) は he が指す人物が不明。また、marketing に含まれる market が「買い物」を連想させるので惑わされないよう注意。

スクリプト

Where is a good place to get some office chairs?
(A) There is a recycled-goods shop in the building next door.
(B) I would like to take this cake plate.
(C) He is in Singapore for a marketing meeting.

スクリプトの訳

オフィス用の椅子を買える、いい店はどこですか。
(A) 隣のビルにリサイクルショップがありますよ。
(B) 私はこのケーキ皿を買いたいと思います。
(C) 彼は販売会議のため、シンガポールにいます。

ボキャブラリー

□ **recycle** 他 再生利用する　□ **plate** 名 皿
□ **marketing** 名 マーケティング

---

40. 正解 (B) ☆☆☆

米 ▶ 加　CD-1 36

解説 平叙文に答える問題。設問は工場長の体調について言及している。(A) は確かに体調に関しての応答であるが、工場長でなく、自分が健康診断を受けると言っており、会話が成立しない。(B) は「(彼の体調が悪いので) 休暇をとるように伝えたらどうか?」と、話がスムーズに流れているので正解。(C) は「私の母」について述べている。工場長の体調とは関連がない。

スクリプト

I think our factory manager has been feeling sick lately.
(A) I wish I could, but I'll have a medical checkup.
(B) Why not tell him to take a day off?
(C) My mother is pushing 60.

スクリプトの訳

わが社の工場長は最近体調が悪いのだと思います。
(A) 私にそれができればいいのですが、でも健康診断を受けてみます。
(B) 休暇をとるように彼に伝えたらどうですか。
(C) 私の母はもうすぐ60歳です。

ボキャブラリー

□ **medical checkup** 健康診断　□ **push** 他 そろそろ～歳になる

Questions 41-43

豪 ▶ 加　▶CD-1 37

41. 正解：(B)　☆

解説 男性が女性に頼んでいた事柄についての設問である。男性が最初の発言で「もう予約を取ってくれた?」と聞いていることと、それに対して女性が「もちろん」と答えていることから (B) の「予約を取ること」が正解である。本文中に discount とあるが、「安くなる」につられて (A) lower the price に誤答しないように。

42. 正解：(A)　☆☆

解説 ネット予約の際の利点について問われている。女性の1回目の発言の4文目で we could get a 10 percent discount by reserving online. と言っている。したがって正解は「料金が安くなる」の (C) である。

43. 正解：(B)　☆

解説 Part3 の3つの設問のうち3問目では「話し手達は次に何をするか?」について、よく問われる。この場合、最後の発言に着目すると答えられるものが多い。この会話文中では最後の発言の Why don't we carry out more online search together? より (B) の「インターネットで調べる」を選ぶ。

スクリプト

M: Helen. Have you already made the reservation for the resort hotel?

W: Definitely. I did it online. I have booked an A-class room for our summer vacation. Moreover, we could get a 10 percent discount by reserving online.

M: Oh my gosh! I didn't know that's possible. Thank you for the tip. Can you also look for a beach and some shopping centers nearby?

W: Already done! Here, I have printed out a map of the beach and discount-stores. Why don't we look for more online together?

スクリプトの訳

男性： ヘレン、リゾートホテルの予約はもうしてくれた?

女性： もちろんよ。インターネットで予約したわ。夏休みのためにAクラスの部屋を予約したの。それにインターネットで予約すると10%の割引になるのよ。

男性： それはすごいね。そんなことが可能だなんて知らなかったよ。教えてくれてありがとう。近くのビーチやショッピングセンターも調べることができる?

女性： もう調べたわ。ほら、ビーチとディスカウントストアの地図もプリントアウトしたわよ。一緒にもっとインターネットで調べてみない?

設問・選択肢の訳

41. 男性は女性に何をするように頼みましたか。
(A) 値段を下げること
(B) 部屋を予約すること
(C) チップを与えること
(D) コンピュータを設置すること

42. インターネットで予約をすることでどんな利益が得られましたか。
(A) 料金が安くなる
(B) 夕飯のチケットをもらう
(C) シャトルバスの無料乗車
(D) 海側の部屋への宿泊

43. 話し手たちは次に何をすると思われますか。
(A) 海の家に電話をする
(B) インターネットで調べる
(C) 利息を計算する
(D) 2つの部屋を比べる

ボキャブラリー

- □ **reservation** 名 予約
- □ **definitely** 副 もちろんその通り
- □ **discount** 名 割引
- □ **tip** 名 助言
- □ **benefit** 名 利点
- □ **probably** 副 おそらく
- □ **resort hotel** リゾートホテル
- □ **book** 他 予約する
- □ **reserve** 他 予約する
- □ **discount-store** ディスカウントストア
- □ **seaside** 形 海辺の
- □ **interest rate** 金利

Questions 44-46

米 ▶ 英 ▶CD-1 38

44. 正解：(D) ☆

解説 男性が1回目の発言で自己紹介をしているのを受けて、女性が「わが社へようこそ」と歓迎の意を示した後に予約の確認をしている。したがって (D) At a reception area が正解。男性の発言中に Legal Department「法務部」とあるが、選択肢 (A) は「法廷」の意味である。このような関連語に惑わされないように注意しよう。

45. 正解：(B) ☆☆

解説 男性がターナー氏に会う時間が問われているので、時間を表す表現を待つ。まず女性の1回目の発言の3文目で You have an appointment at 1:00 P.M. とある。ここであわてて (D) にマークせずに、次の男性の発言を聞くと、待ち合わせ時間の変更の連絡が午前8時にあり、1時間早まったことが分かる。したがって (B) 12:00 P.M. が正解である。

46. 正解：(C) ☆☆

解説 女性が2回目の発言で I will call Mr. Turner. と言っており、女性のこれからの行動を示している。続く発言で男性に対して、座ってくつろぐことと、待ち時間にコーヒーか紅茶を飲むことを勧めている。これに当てはまるのは (C) To have some drinks。これが正解。

スクリプト

M: Hello, I'm Charles Nelson of King's Motors. I have an appointment with Mr. Daniel Turner of the Legal Department.

W: Hello, Mr. Nelson. Welcome to our office. You have an appointment at 1:00 P.M. don't you?

M: Yes, I was going to see him at 1:00. But he called this morning at 8:00 A.M. and asked me to have a lunch meeting together. So I am going to see him at noon.

W: OK. I will call Mr. Turner. Please have a seat until he arrives. Would you care for some coffee or tea while you are waiting?

スクリプトの訳

男性： こんにちは。私はキングスモーターズのチャールズ・ネルソンです。法務部のダニエル・ターナー氏とお約束をしています。

女性： こんにちは、ネルソン様。わが社へようこそ。午後1時のお約束でしたね？

男性： はい、1時にお会いする予定でした。ところが今朝8時に、ターナー氏から電話がありまして一緒にランチミーティングをしませんか、とのことでしたので正午に彼に会う予定です。

女性： 分かりました。ではターナーを呼んでまいります。それまでおかけになってお待ちください。お待ちの間、コーヒーか紅茶はいかがでしょうか？

設問・選択肢の訳

44. この会話はどこで行われていると考えられますか。

(A) 法廷
(B) 電話
(C) レストラン
(D) 受付

45. 男性はターナー氏と何時に会いますか。

(A) 午前8時
(B) 午後12時
(C) 午後12時30分
(D) 午後1時

46. 女性は男性に次に何をするように提案していますか。

(A) 彼の予約をスケジュールし直す
(B) 彼女とランチをとる
(C) 何か飲み物を飲む
(D) ターナー氏に電話をする

ボキャブラリー

□ **legal department** 法務部
□ **until** 接 ～するときまで
□ **arrive** 自 到着する
□ **care for** 欲しい
□ **law court** 法廷
□ **offer** 他 提供する
□ **reschedule** 他 スケジュールをし直す

Questions 47-49

英 ▶ 豪 ▶CD-1 39

47. 正解：(B) ☆☆

解説 バトラー氏が電話に出られない理由は男性が1回目の発言で～ is on another line now と言っていることから分かる。この「他の電話に出ている」と同意の (B) She is talking to someone else.「他の人と話をしている」が正解である。

48. 正解：(A) ☆☆

解説 顧客に関する言及は、女性の2回目の発言にある。2文目から「顧客からの苦情について聞きたい」旨を述べており、続く3文目に顧客のカードの誤作動に触れている。正解は (A) His card doesn't function properly. である。

49. 正解：(D) ☆☆☆

解説 女性が次にすることは何か。男性の最後の発言に集中する。まず、「電話が終わり次第、彼女に伝える」とあるが、この1文に第1発言者の女性を指す代名詞はない。続く Could I have your name again please? より、「(女性が) 彼に自分の名前を伝える」つまり (D) Give her name to the man. であると分かる。Hangs up の音だけを頼りに (B) を選ばないように。

スクリプト

W: Hello, this is Rebecca Harris in the Customer Service department. Is Ms. Butler available?

M: I'm afraid she is on another line now. Can I take a message?

W: Please have her call me back. I need to ask her about a customer complaint. One of our membership card users claimed that he had repeatedly received messages that his card is no longer valid. I guess we should examine his card and give him a new ID number.

M: OK. I will tell her as soon as she hangs up. Could I have your name again please?

スクリプトの訳

女性： こんにちは。カスタマーサービス部のレベッカ・ハリスです。バトラー氏はお手すきでしょうか？

男性： 申し訳ございませんが、彼女は他の電話に出ております。メッセージをお伝えしましょうか？

女性： では、彼女にかけ直してくれるようにお伝えください。お客様の苦情に関することで聞きたいことがあります。メンバーカードを保有しているお客様が、彼のカードの使用期限が切れているとのメッセージがたびたび表示されるとおっしゃっています。お客様のメンバーカードをお調べし、新しい会員番号を発行するべきだと思うのですが。

男性： 分かりました。バトラーの電話が終わり次第、おかけ直しするように伝えます。もう一度お名前をうかがってもよろしいでしょうか？

設問・選択肢の訳

47. バトラー氏はなぜ今話すことができないのですか。
(A) オフィスにいないから。
(B) 他の人と話をしているから。
(C) 彼女はもう従業員ではないから。
(D) 彼女は試験を受けるから。

48. 顧客の抱えている問題は何ですか。
(A) カードがうまく機能しない。
(B) カードは盗難にあった。
(C) 証明書を紛失した。
(D) パスワードを忘れてしまった。

49. 女性は次に何をすると考えられますか。
(A) メンバーになるように申し込む
(B) 壁に鍵をつるす
(C) 身分証明書を確認する
(D) 名前を男性に伝える

ボキャブラリー

☐ **customer service**　カスタマーサービス
☐ **another**　形 もう一つの、別の
☐ **line**　名 電話線
☐ **take a message**　メッセージを受け取る
☐ **complaint**　名 苦情
☐ **claim**　他 主張する
☐ **repeatedly**　副 繰り返し
☐ **hang up**　電話を切る
☐ **available**　形 利用できる
☐ **no longer**　もはや〜ない
☐ **examination**　名 試験
☐ **customer**　名 顧客
☐ **function**　名 働く
☐ **properly**　副 きちんと
☐ **certificate**　名 証明書
☐ **password**　名 パスワード
☐ **apply for**　申し込む

Questions 50-52

米 ▶ 英　▶CD-1 40

50. 正解：(B)　☆☆

解説 男性が冒頭で「予約を取りたい」と言っている。3文目に〜 my ankle hurts and my foot keeps dragging とあるので、足を怪我してしまったことが分かる。したがって「外科」を意味する (B) At a surgery が正解である。

51. 正解：(C)　☆☆

解説 男性が1回目の発言で歩いたり、自転車に乗るときは大丈夫であることを述べているので、(D),(B) は不正解だと分かる。3文目に when it comes to playing baseball, my ankle hurts 〜とあるので正解は (C) Playing baseball となる。冒頭の Making an appointment につられてそのまま (A) にマークしないように注意。

52. 正解：(A)　☆☆

解説 男性は冒頭では「今週のいつか」の予約を取りたがっていたが、男性の症状を聞いた後に女性が2回目の発言で〜,our doctor will see you right after the present patient と言っている。したがって (A) Today が正解である。

スクリプト

M: I would like to make an appointment for sometime this week. If I walk slowly or ride my bicycle, there's no problem. But when it comes to playing baseball, my ankle hurts and my foot keeps dragging.

W: Did you sprain, twist or damage your leg in some way?

M: Actually, I don't remember. At first, I thought it was nothing so I made light of it. I didn't even notice the extent of the injury until this morning, when my foot got much worse.

W: OK. In that case sir, our doctor will see you right after the present patient. I will schedule you in. Please take a seat in the waiting room. The doctor will call you when he is ready for you.

スクリプトの訳

男性： 今週のどこかで予約を取りたいのです。ゆっくり歩いたり、自転車に乗っているときは大丈夫なのですが、野球をするときになると足首が痛んで足を引きずらないといけません。

女性： 捻挫したり、ひねったりしたか、もしくは何らかの方法で足を痛めてしまったのでしょうか？

男性： それが、覚えていないのです。最初はたいしたことがないと思って軽く見ていました。今朝になって、症状が悪化するまでは怪我の程度について気付きもしなかったのです。

女性： そうですか。それではこちらの医師が今の患者様のすぐ後に診察させていただきます。予定を組みますので、その間待合室でおかけになってお待ちください。医師が準備ができ次第、お名前をお呼びしますので。

設問・選択肢の訳

50. この会話はどこで行われていると考えられますか。
(A) レントゲン車
(B) 外科
(C) 歯医者
(D) 緊急処置室

51. 男性が何をするときに問題が生じますか。
(A) 予約を取るとき
(B) 自転車に乗るとき
(C) 野球をするとき
(D) ゆっくり歩くとき

52. 医者はいつ男性の診療をしますか。
(A) 今日
(B) 明日
(C) 明後日
(D) 一週間後

ボキャブラリー

- □ **slowly** 副 ゆっくりと
- □ **baseball** 名 野球
- □ **ankle** 名 足首
- □ **hurt** 自 痛む
- □ **drag** 自 引きずる
- □ **sprain** 他 捻挫する
- □ **twist** 他 ひねる
- □ **make light of** 軽く見る
- □ **extent** 名 程度
- □ **injury** 名 負傷
- □ **patient** 名 患者
- □ **ready** 形 準備ができて
- □ **x-ray** 形 エックス線の
- □ **surgery** 名 外科
- □ **dental clinic** 歯医者
- □ **emergency room** 緊急処置室

Questions 53-55

豪▶加 ▶CD-1 41

53. 正解：(C) ☆

解説 男性が冒頭から、飛行機に搭乗する予定だったのに、乗ることができなかったことについて女性に相談している。それに対して女性が搭乗券の手続きの説明をしていることから、正解は (C) At a ticket counter である。

54. 正解：(A) ☆☆

解説 女性が2回目の発言の2文目が We always recommend that ～で始まるので、この後に提案の内容が話されると推測し、集中しよう。続いて～ that passengers arrived at the airport at least two hours before the departure time とあるので (A) To show up well in advance が正解。

55. 正解：(C) ☆☆☆

解説 男性のニューヨーク行きの便が何時に出るかに関する問いなので、数字に集中する。男性の1回目の発言では10時15分行きの飛行機に搭乗予定だったが、チェックインを済ませたときには10時20分だったとあるので (A) も (B) も不正解だと分かる。次に女性が12時15分の便に搭乗可能だと述べており、(C) が正解である。

スクリプト

M: Excuse me, I'm in a bit of trouble. I was going to board the NAL flight bound for New York at 10:15, but I missed the flight. It took me such a long time to go through the departure procedures. When I finished checking-in, it was already10:20 and I missed my flight.

W: Sorry to hear that! We always recommend that passengers arrived at the airport at least 2 hours before the departure time. The airport is extremely crowded with departing travelers in the mid-August. But don't worry, sir. The 12:15 flight to New York has seats available. I will make the arrangements for you.

M: Is that really true? You mean I don't have to pay the extra fare?

W: Fortunately sir, your ticket will cover this situation. Let me see....Oh, there is no economy class seat available in the 12:15 flight. Your ticket will automatically be upgraded to business class.

スクリプトの訳

男性： すみません。少し困っています。ニューヨーク行き10時15分発のNAL便に搭乗する予定だったのですが、乗れませんでした。出国手続きに時間がかかりすぎてしまったのです。チェックインを済ましたときにはすでに10時20分になっていて、乗り遅れてしまったようです。

女性： それは大変ですね！　私どもはお客様にご出発時刻の2時間前に空港に到着されるようにお勧めしております。空港は特に8月中旬はご出国のお客様で混雑しておりますから。

しかし、ご安心下さい。12時15分のニューヨーク行きの便がお客様のご搭乗券でご利用いただけます。今から手続きをいたしますね。

男性： 本当ですか？　追加料金をお支払いしなくてもいいのでしょうか？

女性： はい。ご幸運なことに、お客様のチケットはこのケースに対応しております。少しお待ち下さい。えーっと、あら、12時15分のフライトにはエコノミークラスの空きがございませんので、この様な場合、自動的にビジネスクラスをご利用いただくことになります。

設問・選択肢の訳

53. 女性はどこで働いていると考えられますか。
(A) 飛行機の中
(B) 電車の中
(C) チケット売り場
(D) ホテルのラウンジ

54. 女性は通常、乗客にどのように勧めていますか。
(A) 十分に早く空港に来ること
(B) 追加料金を払うこと
(C) 一列になって待つこと
(D) スーツケースにカバーをつけること

55. ニューヨークに行く彼の便はいつ出発しますか。
(A) 10時15分
(B) 10時20分
(C) 12時15分
(D) 12時20分

ボキャブラリー

- ☐ **a bit of** 少しの
- ☐ **procedure** 名 手続き
- ☐ **extremely** 副 特別に
- ☐ **fortunately** 副 幸運にも
- ☐ **automatically** 副 自動的に
- ☐ **counter** 名 売り場
- ☐ **suggest** 他 提案する
- ☐ **in advance** 前もって
- ☐ **cover** 他 カバーをかぶせる
- ☐ **depart** 自 出発する
- ☐ **board** 他 搭乗する
- ☐ **at least** 少なくとも
- ☐ **crowd** 他 群がる
- ☐ **economy class** エコノミークラス
- ☐ **upgrade** 他 グレードアップする
- ☐ **lounge** 名 ラウンジ
- ☐ **passenger** 名 乗客
- ☐ **extra** 形 追加の
- ☐ **flight** 名 航空便

Questions 56-58

米 ▶ 加　▶CD-1 42

56. 正解：(D)　☆☆

解説 男性の冒頭の発言から彼の勤務している会社が City Travel であることが分かる。男性の2回目の発言でケビンが日曜日に彼のツアーガイドのアシスタントをする旨を述べているので、男性の職業は (D) Travel guide である。

57. 正解：(A)　☆☆

解説 設問に What time ～？とあり、選択肢に時刻が並んでいるので、時間に関する表現を待ちながら聞く。男性が2回目の発言で朝8時のケビンとの待ち合わせ時間を1時間早めたいと言っていることから、日曜日の待ち合わせ時間は (A) の At 7:00 a.m. となり、これが正解。

58. 正解：(B)　☆☆

解説 ケビンがこの仕事についてどのように感じているかは女性が2回目の発言から分かる。2文目に Actually, he has been pretty excited about having a chance to act as a guide since last week. とあり、先週からとても楽しみにしていることがうかがえる。したがってこれを言い換えた (B) He is looking forward to working with the man. が正解である。

スクリプト

M: Hello, this is Richard from City Travel. May I speak to the new staff member, Kevin please?

W: I'm afraid he's just left for a lunch. He will be back in 30 minutes. Could I take a message?

M: If you don't mind, please. He is going to help me on Sunday, as an assistant guide around the National park and the adjacent zoo. I was planning to meet him at 8 o'clock in the morning, but I heard that this going to be his first on-the-job experience. So, can you tell him I have to bring it forward an hour to make arrangements in advance? The place for the meeting will be the same.

W: OK. I will tell him about it. Actually, he has been pretty excited about having a chance to act as a guide. Thank you for calling, Richard.

スクリプトの訳

男性： こんにちは。シティートラベルのリチャードと申します。御社の新人スタッフのケビンとお話できますか。

女性： 申し訳ありませんが、ケビンはランチに出ております。30分以内に戻ると思いますが、メッセージをお伝えしましょうか。

男性： はい、ご迷惑でなければ、是非お願いします。ケビンに日曜日に国立公園と、それに隣接する動物園のガイドのお手伝いを頼んでいます。朝の8時に待ち合わせをする予定でしたが、これが彼の初めての実地の仕事だとお聞きしました。

ですので、ケビンに予定を1時間早めて、前もって準備をするようにお伝えいただけますか。待ち合わせの場所は同じです。

女性： はい。お伝えしておきます。ところで、ケビンは先週から、ガイドの仕事ができるととても興奮気味に喜んでおりました。リチャード様、ご連絡ありがとうございました。

設問・選択肢の訳

56. 男性の職業は何ですか。
(A) 公園監視員
(B) 人事部長
(C) 動物園の園長
(D) トラベルガイド

57. ケビンは日曜の何時に男性に会いますか。
(A) 朝7時
(B) 朝8時
(C) 朝8時30分
(D) 朝9時

58. ケビンは自分の仕事についてどう感じていますか。
(A) 顧客に関することが心配である。
(B) 男性と仕事ができるのが楽しみである。
(C) 彼はむしろ他の場所で男性と会いたい。
(D) 試験の結果が心配である。

ボキャブラリー

- □ **assistant** 名 アシスタント
- □ **adjacent** 形 隣接した
- □ **zoo** 名 動物園
- □ **on-the-job** 形 実地の
- □ **act** 自 ふるまう
- □ **occupation** 名 職業
- □ **ranger** 名 監視員
- □ **curator** 名 館長
- □ **look forward to ~ing** ～を楽しみに待つ
- □ **result** 名 結果

Questions 59-61

英 ▶ 米　▶CD-1 43

59. 正解：(A)　☆☆

解説 女性が1回目の発言で8月の経済報告書に関する記事について述べた後、2文目に The employment situation is getting tougher. と言っている。したがって正解は (A) employment situation である。1文目に monthly report と聞こえるが、これは (B)deadline of a report への誤答を誘っている。

60. 正解：(D)　☆☆

解説 女性が2回目の発言の2文目で「経済情勢が過去最悪になるのも時間の問題だ」と言っている。選択肢の中で「悪化している」を表すのは (D) It will deteriorate. のみで、これが正解である。

61. 正解：(A)　☆☆☆

解説 男性の2回目の発言 I couldn't agree with you more.「そのとおりですね」の意味を間違えなければ正解に結びつく。男性は女性の経済情勢への見方に完全に同意しているので、(A) He totally agrees with the woman. が正解である。

スクリプト

W: Did you see the newspaper this morning about the August' monthly report released on Friday? The employment situation is getting tougher.

M: Of course, I did. That news is so gloomy. Two of my close friends from college have lost their jobs recently and the jobless rate continues to worsen.

W: And the employment statistics showed that it was the fourth straight monthly increase in the unemployment rate. I think it's just a matter of time before the economic situation becomes the worst ever.

M: I couldn't agree with you more. I think the government should take some serious measures to stabilize the economy.

スクリプトの訳

女性： 今朝の8月の経済報告書に関する新聞見た？　雇用情勢が厳しくなっているみたいね。

男性： もちろん、本当に憂鬱なニュースだよ。大学時代の友達2人が最近失業したし、失業率は悪化し続けているからね。

女性： 雇用統計によると、失業率は4か月連続で増加しているらしいわ。経済情勢が過去最悪になるのも時間の問題じゃないかしら。

男性： 本当にそうだね。政府が経済を安定させるために何か真剣に対策を打たないといけないね。

設問・選択肢の訳

59. 話し手は何について話していますか。

(A) 雇用状況
(B) レポートの締め切り
(C) 政治構造
(D) 時間監理

60. 女性は経済についてどのように予測していますか。

(A) 好転する。
(B) 劇的に好転する。
(C) 安定成長する。
(D) 悪化する。

61. 男性は女性の意見にどのように反応していますか。

(A) 女性に完全に同意している。
(B) 女性に部分的に同意している。
(C) 女性の言っている事が理解できない。
(D) 女性に反対している。

ボキャブラリー

□ **release** 他 発売する
□ **tough** 形 難しい
□ **gloomy** 形 憂鬱な
□ **jobless rate** 失業率
□ **worse** 形 より悪い（bad の比較級）
□ **statistics** 名 統計
□ **unemployment rate** 失業率
□ **government** 名 政府
□ **measure** 名 対策
□ **stabilize** 他 安定させる
□ **deadline** 名 締切
□ **political** 形 政治の
□ **predict** 他 予言する
□ **pick up** 立ち直る
□ **deteriorate** 自 悪化する
□ **agree** 自 同意する
□ **disagree** 自 反対する

Questions 62-64

豪 ▶ 加　▶CD-1 44

62. 正解：(C)　☆☆

解説 冒頭から男性が女性に昇進のオファーを受けたことについて話しかけており、続く2文目に I am reluctant to be given a post in sales management. とある。reluctant「気が進まない」とほぼ同意語の (C) unwilling が正解である。

63. 正解：(A)　☆☆

解説 時刻に関する発言は男性の2回目の発言の3文目に～ I have been leaving the office at 6 o'clock sharp とあり、彼がオフィスを出るのは6時だと分かる。したがって正解は (A) At 6 o'clock である。続く4文目の11時や12時は男性が通常退社する時間ではないので引っかからないよう注意。

64. 正解：(C)　☆☆☆

解説 男性が退職する計画を立てている理由は、男性の2回目の発言で I am not planning to stay in the job.「仕事を続ける予定はない」という内容を言った後の2文目に I am preparing to start up my own business. とある。これが退職の理由と考えられるので正解は (C) He has another plan. である。

スクリプト

M: Laura, I want to talk with you about the promotion to director I was offered early this week. Actually, I am reluctant to be given a post in sales management.

W: Why? Is there any reason to turn down the offer? The board members decided that you deserve the promotion. You definitely ought to accept it. It would mean a substantial salary raise, wouldn't it?

M: To tell you the truth, I am not planning to stay in the job. I am preparing to start up my own business. That's why I have been leaving the office at 6 o'clock sharp so I can meet and talk with my prospective partner. If I got the position, I would have to stay back at the office until 11 or 12 at night. The extra salary isn't worth the extra time or trouble.

W: Now I understand the reason why you've not done any overtime recently.

スクリプトの訳

男性： ローラ、今週始めにディレクターに昇進しないかというオファーがあったことで君と話がしたいんだ。じつは販売部門の管理職を受けるのは気が進まないよ。

女性： どうして？　その申し出を断る理由が何かあるの？　重役はあなたが昇進してもやっていけると考えて決定したのよ。絶対に話を受けるべきだわ。お給料だってそれなりに上がるのでしょ？

男性： 正直に言うと、この仕事を長く続ける気はないんだよ。企業する準備をしていてね。だからいつも6時きっかりに退社して、将来のビジネスパートナーと会って話をしていたのだよ。もしこの昇進話を引き受けたら夜の11時、12時までオフィスに残らなければならないよ。いくらお給料が上がっても時間や苦労の方が多いだろうから、割に合わないよ。

女性： やっとあなたが最近、全然残業をしない理由が分かったわ。

設問・選択肢の訳

62. 男性は提案に対してどう思っていますか。

(A) 喜んでいる
(B) 興奮している
(C) 気が進まない
(D) 害を及ぼす

63. 男性はいつも何時に退社しますか。

(A) 6時
(B) 7時
(C) 11時
(D) 12時

64. 男性はなぜ仕事を辞める計画を立てているのですか。

(A) 医師に勧められたから。
(B) パートナーが必要だから。
(C) 他に計画を立てているから。
(D) 女性に本当の事を伝えたいから。

ボキャブラリー

☐ **promotion** 名 昇進
☐ **turn down** 断る
☐ **substantial** 形 相当な
☐ **sharp** 副 きっかり
☐ **position** 名 地位
☐ **salary** 名 給与
☐ **overtime** 名 残業
☐ **thrill** 他 わくわくさせる
☐ **unwilling** 形 気が進まない
☐ **harmful** 形 害を及ぼす
☐ **quit** 他 仕事をやめる
☐ **partner** 名 パートナー
☐ **truth** 名 真実

Questions 65-67

米 ▶ 英　▶CD-1 45

65. 正解：(A)　☆☆

解説 冒頭から、男性が電話を受けていること、そして女性の1回目の発言 I'm calling about your swimming school. よりこれがスイミングスクールへの問い合わせだと分かる。女性が週2回のコースがあるかどうか男性に問い合わせていることから、(A) She wants to start taking lessons. が正解である。

66. 正解：(D)　☆☆

解説 スクールのレベルがいくつに分かれているかは、男性の2回目の発言の2文目、Our school offers ～と聞こえた後に集中力を高めよう。～ in eight levels ～とあるので正解は (D) 8 である。

67. 正解：(D)　☆☆

解説 女性が最後に Could you tell me something about tuition? と言っていることから、男性に受講料についての情報を求めていることが分かる。男性は次におそらくこれに答えるだろうと考えられるので (D) About a fee for classes が正解となる。

スクリプト

M: Eagle Sports club. How can I help you?

W: Hello, I'm calling about your swimming school. Are there any classes that meet twice a week in your school?

M: Thank you for your inquiry. Our school offers classes in 8 levels from beginner to professional. You can choose the lesson frequency from once a week to everyday depending on your needs. There are free trial lessons this Sunday. Would you like to book for a trial lesson?

W: That's fine with me. Could you tell me something about tuition?

スクリプトの訳

男性： イーグルスポーツクラブです。何でもお聞きください。

女性： こんにちは。スイミングスクールについて聞きたいのですが、週2回のコースはありますか？

男性： お問い合わせありがとうございます。当スクールには初心者からプロまで8つのレベルのクラスがございます。回数は週1回から毎日のなかから、ニーズに合わせてお選びいただけます。日曜日に無料体験レッスンがあります。1度体験レッスンを予約されてはいかがですか？

女性： それでいいですよ。受講料についても教えていただけますか？

設問・選択肢の訳

65. 女性の電話の目的は何ですか。
(A) レッスンを受講し始めたい。
(B) 遊覧船旅行を予約したい。
(C) あるアスリートを探している。
(D) スポーツクラブでの仕事を探している。

66. スクールは何種類のレベルに分かれていますか。
(A) 1
(B) 3
(C) 7
(D) 8

67. 男性は次に何の情報を与えると考えられますか。
(A) 水着について
(B) 練習方法について
(C) 退会の通達について
(D) クラスの受講料について

ボキャブラリー

☐ **meet** 自 開かれる
☐ **inquiry** 名 問い合わせ
☐ **beginner** 名 初心者
☐ **professional** 名 職業選手
☐ **trial** 名 試し
☐ **tuition** 名 授業料
☐ **ocean cruise** 遊覧船旅行
☐ **swimming suit** 水着
☐ **withdrawal** 名 脱会

Questions 68-70

豪▶英 ▶CD-1 46

68. 正解：(C) ☆☆

解説 男性が冒頭で女性に今日両替をしてくれたかどうかを尋ね、続く2文目でその両替が必要な理由を説明している。「来週の金曜日にボストンへ出張がある」とあるので、(C) Travel to the U.S. が正解である。文中の exchange, currency の語に惑わされて (A), (D) などに誤答しないよう注意。

69. 正解：(A) ☆☆

解説 女性が1回目の発言で I didn't go to the bank today. と言っており、この後で女性が今日両替をしなかった理由を述べるだろうと推測できる。3文目に「円がもう少し値上がりするまで待とうと思っていた」と言っているので正解は (A) She thought the yen would surge. となる。

70. 正解：(D) ☆☆☆

解説 女性は男性の意見を踏まえた最後の発言で、やはり今日両替所に行くと述べている。選択肢 (A), (B), (C) の office, exchange, bureau に気を取られるが本文中の Bureau de change は「両替所」の意。これを言い換えた (D) A currency exchange counter が正解。

スクリプト

M: Honey, did you get the chance to go to the bank for me today and exchange yen into dollars? I have that business trip to Boston next Friday. If we do it soon, we can take advantage of the current trend of the strong yen against the dollar.

W: Sorry, George. I didn't go to the bank today. I thought I would wait a few more days, until the yen gained more.

M: That's impossible. Haven't you heard the news? The dollar's surging back against the yen today.

W: Oh, dear. I have to hurry up. I think I can get to the bank's bureau de change before it closes.

スクリプトの訳

男性： ハニー、今日、銀行に行って円をドルに両替してきてくれたかい？　例のボストンへの出張が来週の金曜日に控えているからね。今のうちに両替すれば、最近の円高の恩恵を得ることができるよ。

女性： ごめんなさい、ジョージ。今日は銀行に行かなかったわ。私はもう2、3日も待てば円がもう少し値上がりすると思ったのよ。

男性： それはないよ。ニュースを聞かなかったのかい？　ドルが今日は円に対して強くなったらしいよ。

女性： え、そうなの？　急がなきゃ。閉まる前に両替所に行けると思うわ。

設問・選択肢の訳

68. 男性は来週何をしますか。
 (A) 上司と意見交換をする
 (B) 女性に感謝の気持ちをあらわす
 (C) アメリカに旅行する
 (D) 通貨のトレンドについて確認する

69. 女性はなぜ今日両替をしなかったのですか。
 (A) 円が値上がりすると思ったから。
 (B) 彼が考えを変えると思ったから。
 (C) もっとアドバイスが必要だったから。
 (D) 彼の意見を聞きたくなかったから。

70. 女性は今日どこに行きますか。
 (A) 郵便局
 (B) 電話交換局
 (C) チケット売り場
 (D) 通貨両替所

ボキャブラリー

□ **strong yen**　円高
□ **gain**　自 利益を得る
□ **impossible**　形 不可能である
□ **against**　前 ～に対抗して
□ **hurry**　自 急ぐ
□ **bureau de change**　両替所
□ **appreciation**　名 感謝
□ **currency trend**　通貨トレンド
□ **exchange**　他 両替する
□ **surge**　自 急騰する
□ **ticket bureau**　チケット売り場
□ **currency exchange counter**　通貨両替所

Questions 71-73

加 ▶CD-1 47

71. 正解：(B) ☆☆☆

解説 冒頭の1文目から聞き手が販売キャンペーンに協力する立場にあったことが分かる。この1文目中に～ For Dyson Home and Garden Company との表現もあるので、この企業がダイソンホームアンドガーデン社の販促のための仕事をしたことも推測できる。したがって正解は (B) In an advertising firm である。

72. 正解：(C) ☆☆☆

解説 4文目に「わが社のコマーシャルが販売を押し上げた」とある。この後の5文目は The Dyson CEO is especially pleased ～で始まるのでこの後に集中すると、～ because she likes to see those kinds of result とあり、「販売を押し上げた」という結果を喜んでいることが予測できる。これを言い換えた (C) product revenues were generated が正解である。

73. 正解：(D) ☆☆

解説 最後の8文目が I sent you ～で始まっており、この後に、話し手が送ったものが分かる。話し手の送ったものは待ち合わせの日付に関する確認のメールなので、正解は (D) Appointment details である。

スクリプト

Questions 71 through 73 refer to the following excerpt from a meeting.

I congratulate all of you on the Living Comfort marketing campaign carried out last quarter for Dyson Home and Garden Company. You did well to choose the comedy actress Felicia Jordan for its central spokesperson. She made the campaign funny, dynamic and exciting. More importantly, some of our early research indicates that the commercials we designed may have boosted sales by 13.6 percent. Dyson's CEO is especially pleased because she likes to see those kinds of results. Dyson's still in the planning stages for the release of the E-Z-5 Sofa next year. We'll need to cooperate with Dyson very closely on that, giving them a few ideas on how factors like furniture shape and price could affect shoppers' purchasing decisions. I sent you an e-mail giving you the day and time we'll meet to discuss that further.

スクリプトの訳

設問 71 ～ 73 は次のミーティングの抜粋に関するものです。

前四半期にダイソンホームアンドガーデン社のために行われたリビンクコンフォート販売キャンペーンの成功を祝いましょう。コメディー女優のフェリシア・ジョーダンをメインスピーカーに起用したことが功を奏し、彼女はキャンペーンを面白く、ダイナミックでドキドキするようなものにしてくれました。さらにはわが社の以前の調査では、我々の制作したコマーシャルが販売を13.6％も押し上げたということです。売り上げ向上を望むダイソンのCEOはこのような結果に特に満足されています。我々は未だ、来年のE-Z-5型ソファーの発売に向けての準備段階におります。我々はそれに関し、家具のデザイン、値段等の要因がどのように顧客の購買の決定打となるかの提案をし、ダイソン社と密接に協力していく必要があります。すでに会議の日時に関しては皆様方にはメールを送っております。

設問・選択肢の訳

71. 聞き手はどこで働いていると考えられますか。
(A) タレント事務所
(B) 広告代理店
(C) 家具屋
(D) 輸送業界

72. 特にCEOが喜んでいた理由は何ですか。
(A) 販売キャンペーンにより能力のある女優が雇われたから。
(B) 他の商品がまもなく発売になるから。
(C) 商品の収益増が生じたから。
(D) 別々の会社が協力し合ったから。

73. 聞き手にはすでに何が送られましたか。
(A) 料金表
(B) ソファーデザインのアイデア
(C) 購入後の顧客調査
(D) 予定の詳細

ボキャブラリー

☐ **congratulate** 他 祝う
☐ **quarter** 名 一季
☐ **actress** 名 女優
☐ **funny** 形 面白い
☐ **indicate** 他 表す
☐ **design** 他 制作する
☐ **especially** 副 特に
☐ **release** 名 発売
☐ **closely** 副 密接に
☐ **shape** 名 形
☐ **discuss** 他 話し合う
☐ **talent** 名 タレント
☐ **skilled** 形 スキルを持った
☐ **campaign** 名 キャンペーン
☐ **comedy** 名 喜劇、コメディー
☐ **spokesperson** 名 スポークスパーソン
☐ **dynamic** 形 力強い
☐ **commercial** 名 コマーシャル
☐ **boost** 他 押し上げる
☐ **stages** 名 段階
☐ **cooperate** 自 協力数
☐ **furniture** 名 家具
☐ **purchase** 他 購入する
☐ **further** 副 さらに
☐ **transportation** 名 輸送
☐ **revenue** 名 収益

Questions 74-76

米 ▶CD-1 48

74. 正解：(A) ☆☆

解説 冒頭で話し手が聞き手に対して annual Kin-XG Software Corporation shareholder meeting「年次株主総会」に出席できたことに関して喜びの意を表している。年次株主総会に参加するのは主に株主であるので shareholder とほぼ同意語の (A) Stockholders が正解である。

75. 正解：(C) ☆☆☆

解説 設問先読みにより、Kin-XG ソフトウェアコーポレーションが特徴的である理由が聞かれていることが分かっている。6文目に Our company is unique because と聞こえた瞬間に、この後に正解への手がかりがあると推測し、準備して聞こう。続いて～ we emphasize technical and executive skills among our employees とあるので正解は (C) It values certain skills among staff だと分かる。

76. 正解：(D) ☆☆☆

解説 設問にある Terrace Darby の固有名詞はスピーチの10文目に初めて出てくる。したがって Right now, CFO Terrace Darby will ～の後の動詞を聞き取り、意味が分かれば正解が得られることが明らか。～ outline our major performance statistics ～とあり、これを言い換えた (D) Provide a business update が正解。

スクリプト

Questions 74 through 76 refer to the following speech.

I'm glad that so many of you could make it to the annual Kin-XG Software Corporation shareholder meeting. We've had a successful year. Before we go further, I want to tell you about our new Chief Operations Officer, Millicent Samuelson. A graduate of Garden IT University, Ms. Samuelson was initially an engineer with our company, but after 3 years was given a management-level position. From that point, she received a series of promotions which brought her to her current role. Our company is unique because we emphasize technical and executive skills among our employees. Ms. Samuelson has succeeded at our firm because she has both of those qualities. It's also why she was profiled recently in the "Top IT People" section of the Quick Business 6,000 social media site. You're going to see much more of her around the company. Right now, CFO Terrance Darby will outline our major performance statistics from the last fiscal year.

スクリプトの訳

設問 74 ～ 76 は次のスピーチに関するものです。

皆様方の多くが Kin-XG ソフトウェアコーポレーションの年次株主総会に出席できたことを大変嬉しく思います。今年は成功を収めた年でもありました。会合を進める前に、我々の新しい運営チーフ役のミリセント・サミュエルソン氏についてお知らせしようと思います。サミュエルソン氏はガーデンIT大学を卒業され、当社の技術者として勤務しておりましたが、管理職を与えられたのはそれから3年後のことでした。それから彼女は現職に至るまでいくつかの昇進を果たされました。わが社が特徴的なのは従業員の技術力、管理能力を重視している点であり、サミュエルソン氏はそのどちらの能力も兼ね備えていることから、当社で成功してまいりました。彼女が最近、メディアサイトのQuick Business 6,000の"IT業界のトップの人々"の特集に掲載されたのもそれが理由です。これから皆さんも彼女を社内で見かけることが多くなるでしょう。では、CFOのテランス・ダービーが前年度からの主要統計の概要について説明させていただきます。

設問・選択肢の訳

74. 聞き手は誰だと考えられますか。
(A) 株主
(B) 教授
(C) メディア開発業者
(D) 採用担当者

75. 話し手によると、なぜKin-XGソフトウェアコーポレーションは特徴的なのですか。
(A) 特別なITサービスを生み出しているから。
(B) 新商品において顧客を訓練するから。
(C) 従業員の、ある決まった能力に価値をおいているから。
(D) 市場競争力を重視するから。

76. テランス・ダービーは何を計画していますか。
(A) 昇進を受ける
(B) 社会メディアの人物紹介記事を読む
(C) 商品の役割を説明する
(D) 業界の最新情報を与える

ボキャブラリー

□ **annual** 形 年一回の
□ **successful** 形 好結果の
□ **initially** 副 初めは
□ **management** 名 管理
□ **position** 名 地位
□ **emphasize** 他 強調する
□ **firm** 名 企業
□ **profile** 他 人物紹介する
□ **statistics** 名 統計
□ **recruiter** 名 採用担当者
□ **among** 前 ～の間で
□ **role** 名 役割
□ **shareholder** 名 株主
□ **graduate** 名 卒業生
□ **engineer** 名 技術者
□ **level** 名 階級
□ **promotion** 名 昇進
□ **succeed** 自 成功する
□ **quality** 名 資質
□ **outline** 他 概要説明する
□ **fiscal year** 会計年度
□ **value** 他 価値を置く
□ **competitiveness** 名 競争力
□ **update** 名 最新情報

Questions 77-79

英 ▶CD-1 49

77. 正解：(B) ☆☆

解説 話し手は2文目に出発が遅れていることを謝罪し、続く3文目に The ground crew is making a final check on some of our exterior equipment.「地上クルーが外部設備の採取点検をしている」と、遅れている理由を述べている。選択肢中、「点検が行われている」の意の (B) Technical inspections are being made. が正解である。

78. 正解：(B) ☆☆☆

解説「変更になったことは何か?」との設問である。本文中では、設問と同じく changed とは表現されていないが、アナウンスの内容を把握し、変更点を見極める。7文目に「強い追い風が、現地までの所要時間を短くする」とあるので、変更になるのは所要時間。(B) The travel duration が正解となる。

79. 正解：(D) ☆☆☆

解説 8文目に Please observe the overhead signs and remain seated ～. とある。話し手が聞き手に何かを求めているのはこの文のみ。正解は「表示に注目する」の意を言い換えた (D) Pay attention to a display である。

スクリプト

Questions 77 through 79 refer to the following announcement.

“Welcome aboard Smart Airways Flight 948 to Dubai. This is your senior cabin attendant speaking. We’re sorry that we haven’t departed yet. The ground crew is making a final check on some of our exterior equipment. When that’s completed, we’ll be cleared for takeoff. If you look out of your windows, you’ll see that the heavy rain has stopped and we’ll have sunny skies all the way to Dubai. We’ll also have a new strong tailwind that should shorten our flight time to our destination to about ten hours and fifty-two minutes. Please observe the overhead signs and remain seated at this time with your seatbelts fastened. After we reach our cruising altitude of 9,000 meters, the seatbelt sign may be turned off and you’ll be free to move around the cabin. In approximately 30 minutes, the cabin crew will begin beverage and snack service. Thank you again for flying Smart Airways.

スクリプトの訳

設問 77 ～ 79 は次のアナウンスに関するものです。

スマートエアウェイの948便ドバイ行きにようこそご搭乗下さいました。こちらはシニアキャビンアテンダントです。当機の出発が遅れており申し訳ございません。地上クルーが当機外部設備の最終点検をしております。完了次第、離陸の許可が下りる予定です。窓の外をご覧になりますと、大雨はすでに止んでおります。ドバイまではずっと晴天となるでしょう。また新たに強い追い風が吹く見込みで、それにより現地までの所要時間は10時間と52分に短縮される模様です。しばらくは頭上の表示に注目し、シートベルトを締めたまま座席にお掛け下さい。巡航高度の9,000メートルに達した際にはシートベルトの装着サインが解除になり、機内の移動が可能になります。今からおよそ30分間で乗組員が飲み物と軽食のサービスをいたします。スマートエアウェイをご利用下さり、誠にありがとうございます。

設問・選択肢の訳

77. 飛行機の離陸はなぜ遅れたのですか。
(A) 何人かの乗客がまだ搭乗中だから。
(B) 設備の点検がなされているから。
(C) 地上クルーがこちらに向かっているから。
(D) 天候が厳しいから。

78. 話し手によると、何が変更になりましたか。
(A) 機内での娯楽
(B) 現地までの運行時間
(C) 巡航高度
(D) 軽食のサービス時間

79. 聞き手は何を求められていますか。
(A) 禁煙サインをよく確認しておく
(B) 座席のトレイを上げる
(C) ブラインドを閉める
(D) 表示に注目しておくこと

ボキャブラリー

□ **aboard** 副 飛行機に乗って
□ **depart** 自 出発する
□ **final** 形 最終の
□ **complete** 他 完了する
□ **takeoff** 名 離陸
□ **destination** 名 目的地
□ **overhead** 形 頭上の
□ **fasten** 他 締める
□ **cabin** 名 客室
□ **snack** 名 軽食
□ **passenger** 名 乗客
□ **severe** 形 厳しい
□ **put up** 上げる、立てる
□ **senior** 名 上役
□ **crew** 名 乗組員
□ **exterior** 形 外部の
□ **clear** 他 離着陸許可を与える
□ **tailwind** 名 追い風
□ **observe** 他 注視する
□ **seatbelts** 名 シートベルト
□ **cruising altitude** 巡航高度
□ **beverage** 名 飲み物
□ **delay** 他 遅らせる
□ **inspection** 名 点検
□ **duration** 名 航続時間

Questions 80-82

豪 ▶CD-1 50

80. 正解：(C) ☆☆

解説 冒頭では「アンバーソン製薬社が運営方針の改革について発表した」とある。同文中より改革内容は事業縮小についてだと分かり、正解は (C) Business reorganization となる。

81. 正解：(C) ☆☆☆

解説 オンラインニュースの内容について問われている。3文目の～ Web site stated, ～から始まる部分では、すでに他社と交渉中だとある。続く4文目では The statement also claimed that there would be no layoffs, ～と、解雇がないことを主張しているので「雇用が維持される」の意である (C) Jobs will currently be maintained. が正解。

82. 正解：(C) ☆☆☆

解説 アンバーソン製薬社が気にかけている事柄は、5文目の最後に分かる。「機密性を配慮しているので（交渉中の企業については発表しない）」とあるので正解は「社外関係を内密にする」の意である (C) Keeping communications private となる。

スクリプト

Questions 80 through 82 refer to the following news report.

Amberson Pharmaceutical Corporation announced late yesterday that it plans to make major changes to the way it operates, downsizing to focus entirely on research and development and giving up all manufacturing functions. As a result, it will sell all five of its Canadian factories. A press release on the company Web site stated, "We are already in negotiations with companies which are interested in acquiring these modern competitive production platforms from us." The statement also claimed that there would be no layoffs, stating that "over at least the medium term, our industrial staff will not be affected by these changes." Amberson would not disclose which firms it was presently in talks with, citing confidentiality concerns.

スクリプトの訳

設問 80 ～ 82 は次のニュース報道に関するものです。

アンバーソン製薬社は昨夜遅くに、運営方針に関して重要な改革を計画していることを発表しました。計画は規模を縮小して研究開発に完全に重点を置き、製造部門をなくすものです。その結果、この企業はカナダの工場5か所すべてを売却することになりました。企業内オンラインニュースの発表は「私どもはこれらの現代的な競争力のある生産拠点を買収しようと関心のある企業とすでに交渉をしております」とのことで、声明はさらに、少なくとも中期的には工業部門の従業員はこの変化に悪影響を受けることはないとの主張により、この計画による解雇はないことを述べていました。アンバーソン社は機密性を配慮し、どの企業と交渉中にあるかに関する情報開示は行いません。

設問・選択肢の訳

80. 報告は主に何についてですか。
(A) 工業技術
(B) 商品規制
(C) 事業再編
(D) 国際市場シェア

81. オンラインニュースでは何が主張されましたか。
(A) 交渉が完了したこと。
(B) 工場がグレードアップすること。
(C) 雇用状況は当面、維持されること。
(D) カナダでの生産が一層増えること。

82. 報告によると、アンバーソン製薬社は何を気にかけていますか。
(A) 競合社の業績に対抗すること
(B) 生産拠点をより安全にすること
(C) 社外関係を内密にすること
(D) 専門家を雇うこと

ボキャブラリー

□ **pharmaceutical** 形 製薬の
□ **entirely** 副 完全に
□ **function** 名 機能
□ **acquire** 他 取得する
□ **layoff** 名 一時的解雇
□ **disclose** 他 情報開示する
□ **concern** 名 懸念
□ **reorganization** 名 再編
□ **maintain** 他 維持する
□ **private** 形 内密の
□ **downsize** 他 小型化する
□ **manufacturing** 形 製造業の
□ **negotiation** 名 交渉
□ **platform** 名 拠点、基盤
□ **affect** 他 影響を及ぼす
□ **confidentiality** 名 機密性
□ **regulation** 名 規制
□ **upgrade** 他 性能を高める
□ **performance** 名 業績

Questions 83-85

加 ▶CD-1 51

83. 正解：(A) ☆

解説 冒頭では、このメッセージはブライトウォーター美術館の留守番電話だと言っている。2文目の To hear this menu in Spanish, Russian, Mandarin or Korean の後を聞けば、他の言語でメッセージを聞きたい場合の案内が分かる。プッシュボタン1を押すように案内されていることから、正解は (A) By pressing 1 である。

84. 正解：(D) ☆☆☆

解説 3文目に Our main phone number has been changed. とあることから、このメッセージが聞こえる番号は代表電話でないことが推測できる。続く4文目でも「新しい番号におかけ直し下さい」とあるので、このメッセージを聞いている場合は (D) The contact number is different「番号が違う」状況である。

85. 正解：(C) ☆☆

解説 最後の文に Stay on the line to hear ～とあるので、この後を聞くと、留守番電話で次に聞こえる内容が分かる。～ these options again と言っているので、正解は「今と同じメニュー情報」の意の (C) Repeated information だと分かる。

スクリプト

Questions 83 through 85 refer to the following recorded message.

You have reached the answering service of Brightwater Museum, serving the local community with high-quality staff and exhibits from our same central downtown location for over 75 years. To hear this menu in Spanish, Russian, Mandarin or Korean, please press 1. Our main phone number has been changed. Please hang up and call our new number at 856-930-2844 to speak with a service representative during normal business hours. For information about membership plans, please visit our Web site at www.brightmuseum10.org/join/. Stay on the line to hear these options again.

スクリプトの訳

設問 83 ～ 85 は次の録音メッセージに関するものです。

ブライトウォーター美術館です。質の良いスタッフ、地元のセントラルダウンタウン地区からの展示により75年間､地域の皆様のお役に立っております。スペイン語、ロシア語、中国語、韓国語でのご案内をご希望の場合、プッシュボタン1を押してください。代表の電話番号は変更になりましたので、通常の営業時間内にお客様係宛ての新しい番号 856-930-2844 におかけ直し下さい。メンバーシップに関する情報は当社のホームページ www.brightmuseum10.org/join/. をご覧ください。このままお待ちになると、もう一度ご案内を聞くことができます。

設問・選択肢の訳

83. 電話をかけた人はどのようにしたら違う言語の案内を聞くことができますか。

(A) 1番を押す

(B) スタッフの内線番号を入力する

(C) ホームページを見る

(D) 国際展示場に行く

84. 電話をかけた人はどうしてこのメッセージを聞くと考えられますか。

(A) 機関が移転したから。

(B) 施設は現在、閉館中だから。

(C) 留守番電話が利用できないから。

(D) 電話番号が違ったから。

85. このまま待っていると何を聞くことになりますか。

(A) 続きのメニューの案内

(B) メンバーシップの値段

(C) 今と同じ情報

(D) お客様サービスの代表

ボキャブラリー

□ **high-quality** 質の良い

□ **exhibit** 名 展示

□ **downtown** 形 商業地区の

□ **Spanish** 名 スペイン語

□ **Russian** 名 ロシア語

□ **Mandarin** 名 中国語（標準的中国語）

□ **Korean** 名 韓国語

□ **hang up** 電話を切る

□ **option** 名 選択

□ **extension** 名 内線

□ **relocate** 他 移転させる

□ **answering service** 留守番案内サービス

Questions 86-88

豪 ▶CD-1 52

86. 正解：(B) ☆☆

解説 冒頭の～ update on your afternoon commute の表現から、このラジオ放送が交通情報であることが分かる。２文目では国道78号の、３文目では国道55号の遅れが放送されているので (B) Travel problems が正解。

87. 正解：(B) ☆☆

解説 ４文目に We caution listeners ～とあるので、この後に話し手が気を付けるべき点が放送されると分かる。that 以下ではラッシュ時間帯に遅れがひどくなるとあるので、正解は (B) Longer journeys である。他の選択肢に出てくる highway, rushing monitorsの語が本文中にもあるが、選択肢と同じ単語が聞こえたからと言って安易にマークしないよう注意しよう。

88. 正解：(A) ☆☆☆

解説 ７文目に Next up is Carla Rice, ～とあるのでこの後に集中する。～ with her expert opinion of dining at the newest Italian eatery in town, Rigoletti's.「イタリアンレストランの食事について専門家としての意見」とあり、これを言い換えた (A) A critic review が正解だと分かる。

スクリプト

Questions 86 through 88 refer to the following radio broadcast.

Good afternoon, it's 3:30 P.M. and time for another update on your afternoon commute. Vehicles are moving slowly on southbound Highway 78, due to a stalled truck in the right-hand lane. Maintenance crews are sealing a burst water pipe on Highway 55, causing long backups on both east and westbound lanes. We caution listeners that these delays will likely worsen as rush hour gets fully underway. To avoid these, we suggest taking alternative roads to your destination. We are continuously monitoring the traffic situation to give you useful updates but if you see any road issues in your area, please notify us at traffic@newsxtr9911.com. Next up is Carla Rice, with her expert opinion of dining at the newest Italian eatery in town, Rigoletti's.

スクリプトの訳

設問 86 ～ 88 は次のラジオ放送に関するものです。

こんにちは。午後３時30分になりました。午後の通勤時間の最新情報をお伝えします。南へ向かう高速78号では右側の車線でトラックが立ち往生しているため、車両がゆっくりした動きとなっています。高速55号ではメンテナンス係が破裂した水道パイプの水を止める作業をしていることにより、東西に向かう両方面にも長い渋滞を引き起こしております。皆様にもお気をつけいただきたいのが、これから本格的なラッシュ時刻になり、遅延状況はますます悪くなる見込みだということです。これを避けるために、目的地までの振替道路を利用されることをお勧めします。我々は引き続き交通情報をモニターして、最新情報をお伝えいたしますが、お近くのエリアで何かお気づきになりましたら traffic@newsxtr9911.com. までご報告をお願いします。次のコーナーではカーラ・ライスに街の新しいイタリアンレストラン、リゴレッティでのお食事について専門家としての意見をうかがいます。

設問・選択肢の訳

86. 放送は主に何についてですか。
(A) 交通規則
(B) 移動に関する問題点
(C) 乗り物のメンテナンス
(D) 道路の工事

87. 聞き手は何に気を付けるべきですか。
(A) 高速道路の閉鎖
(B) 長時間の移動
(C) 急ぎの修理作業
(D) 警官の監視

88. 聞き手は次に何を聞きますか。
(A) 批評家のレビュー
(B) コマーシャル
(C) 歌
(D) ビジネスの最新情報

ボキャブラリー

- ☐ **commute** 名 通勤
- ☐ **stall** 他 立ち往生させる
- ☐ **lane** 名 車線
- ☐ **maintenance** 名 メンテナンス
- ☐ **seal** 他 ふさぐ
- ☐ **burst** 名 破裂
- ☐ **backups** 名 渋滞、停滞の列
- ☐ **caution** 他 警告する
- ☐ **underway** 形 進行中で
- ☐ **alternative** 形 代替の
- ☐ **monitor** 他 監視する
- ☐ **construction** 名 建設，工事
- ☐ **critic** 名 批評家

Questions 89-91

英 ▶CD-1 53

89. 正解：(C) ☆☆

解説 冒頭でクリエイティブアートセンターのイベントが紹介されている。２文目に Guests will have a chance to listen to and meet prize-winning photographer Allie Kang. とあるので参加者が受賞歴のある写真家の話を聞くためのイベントだと分かる。したがって正解は (C) Lecture series となる。

90. 正解：(A) ☆☆☆

解説 ４文目に45分のトークの後にカン氏が質疑応答を受け、写真集に署名をすると言っている。Clouds and Sky という固有名詞は her newest photography book の後にあり同格である。この後に released on May 23 とあるので (A) On May 23 が正解。

91. 正解：(C) ☆☆☆

解説 参加者全員が受け取ることができるのは、５文目に「参加者は全員、イベント後のコーヒーと紅茶を飲みながらの歓談をお楽しみいただけます」とある。「無料のコーヒーと紅茶」を言い換えているのが (C) Complimentary beverages で、これが正解。

スクリプト

Questions 89 through 91 refer to the following advertisement.

The Creative Arts Center is proud to announce two special evenings on Wednesday, May 24 and Saturday, May 27 at 8:30 P.M. Guests will have a chance to listen to and meet prize-winning photographer Allie Kang. Just back from shooting wildlife in Central America, Ms. Kang will explain some of the professional and personal challenges in her work. After a 45-minute talk on both days, Ms. Kang will take questions from the audience and be on hand to autograph purchased copies of her newest photography book, Clouds and Sky, released on May 23. Every attendee will also be welcome to enjoy the coffee and tea reception which will take place afterwards. The event is free to the public, but please register beforehand at our web site: www.blainecreative11.com.

スクリプトの訳

設問 89 〜 91 は次の広告に関するものです。

クリエイティブアートセンターは５月24日の水曜日と５月27日土曜日、両日の夜８時30分の特別なイベントの計画を誇りをもってお知らせします。参加者は、写真家で受賞歴もあるアリー・カン氏の講演を聞き、実際会うことができます。カン氏は中央アメリカで野生動物を撮影してきたばかりですが、ご自身の仕事の難しさをプロとして、また個人的な観点からもご説明されます。両日ともに45分間のトークのあとに出席者からの質疑応答、また５月23日出版の彼女の最新の写真集 Clouds and Sky に署名する準備ができるだろうとのことです。参加者は全員、イベント後に催されるコーヒーと紅茶を飲みながらの歓談をお楽しみいただけます。このイベントは一般向けに無料で開催しておりますが、前もってウェブサイト www.blainecreative11.com. からの申し込みが必要になります。

設問・選択肢の訳

89. この広告は何を宣伝していますか。
(A) 絵画の賞
(B) ビジネスの授業
(C) 講義シリーズ
(D) 新しい映画

90. Clouds and Sky はいつ発表されましたか。
(A) 5月23日
(B) 5月24日
(C) 5月27日
(D) 5月28日

91. 参加者は全員何を受け取りますか。
(A) 無料の写真集
(B) 抽選の登録
(C) 無料のドリンク
(D) アマチュア絵画の感想

ボキャブラリー

□ **guest** 名 参加者
□ **prize-winning** 受賞歴のある
□ **photographer** 名 写真家
□ **wildlife** 形 野生の
□ **challenges** 名 難題
□ **autograph** 名 サインする
□ **afterward** 副 後で
□ **beforehand** 副 前もって
□ **award** 名 賞
□ **release** 他 発表する
□ **complimentary** 形 無料の
□ **amateur** 形 アマチュアの

Questions 92-94

米 ▶CD-1 54

92. 正解：(B) ☆☆

解説 冒頭で話し手が「工場にようこそお越しくださいました」といっており、見学者に対して、工場側が歓迎の意を表していることが分かる。factory を言い換えた (B) In a production facility が正解である。

93. 正解：(C) ☆☆

解説 7文目に You'll also meet Margo Zane, とあり、この後にマーゴ・ゼインの人物の説明がなされている。品質管理のディレクターとあり、(C) A manager が正解。

94. 正解：(C) ☆☆☆

解説 午後1時30分に何が予定されているかが問われている。10文目は We'll finish about an hour after that, at 1:30 P.M. ～、直訳すると「私たちはその後の1時間後、つまり1時30分に終わります」と言っている。この後は前置詞で始まる修飾語なので、続いてどのような文を聞いても「ツアーは1時30分に終わる」という解釈はそのまま保持しよう。正解は (C) The completion of a tour。

スクリプト

Questions 92 through 94 refer to the following talk.

Welcome to the Tyler Bread and Pastry Corporation factory. We're always glad to have visitors who are curious about what we do. Here, we make over 300 different types of breads, cookies, pies, crackers and cakes. First, we'll go across a walkway 18 meters above the main baking area. Looking down, you'll observe the entire baking process. You'll learn how we turn sugar, flour, salt and spices into delicious-tasting items the entire family can enjoy. You'll also meet Margo Zane, our quality control director. She inspects all of our foods to make sure we only use the healthiest ingredients and that all of our goods are safely created and packaged for distribution. Then, we'll go out to the loading dock, where you'll view thousands of items—wrapped tightly for freshness—put onto our trucks for delivery to outlets around the country. We'll finish about an hour after that, at 1:30 P.M., after a complimentary lunch in the factory cafeteria, which of course has plenty of delicious Tyler pastries.

スクリプトの訳

設問 92 ～ 94 は次の話に関するものです。

タイラーブレッド＆ペストリーの工場にようこそお越しくださいました。わが社の工場に興味を持ってお越しいただき、いつも光栄に思っています。ここでは300以上もの違った種類のパン、クッキー、パイ、クラッカー、ケーキを製作しています。まず、メインのベーキングエリアの18メートル上にある見学通路を渡りましょう。そこから生地を焼く全体のプロセスを見下ろして観察できます。この工場で砂糖、小麦粉、塩、スパイスが皆様方のご家庭で楽しんでいただいている美味しい商品にどのように変わるのかが、ご覧いただけます。品質管理ディレクターのマーゴ・ゼインにも会っていただきます。彼女はわが社の全ての商品を点検し、それらには健康的な原材料だけが使用され、安全に調理され、流通用に包装されていることを確認しております。その後、私たちは積荷場に行き、何千もの新鮮さを保つために厳重に包装された商品がトラックに積まれ、国内の販売店に搬送される様子を見学します。そのあとおよそ一時間後の午後１時30分には、カフェテリアにてタイラーの美味しいペストリーもお試しいただける無料のランチをお楽しみ後、ツアーが終了になります。

設問・選択肢の訳

92. 聞き手はどこにいると考えられますか。
(A) ショッピングモール
(B) 生産工場施設
(C) 従業員のオリエンテーション
(D) レストラン

93. マーゴ・ゼインは誰だと考えられますか。
(A) 政府の調査員
(B) パン屋のオーナー
(C) マネージャー
(D) 販売業者

94. 午後1時30分には何が予定されていますか。
(A) ディレクターとの面接
(B) 積荷場の見学
(C) ツアー終了
(D) パンの試食会

ボキャブラリー

□ **curious** 形 興味がある
□ **cracker** 名 クラッカー
□ **flour** 名 小麦粉
□ **inspect** 他 点検する
□ **delivery** 名 配達
□ **shopping mall** ショッピングモール
□ **facility** 名 施設
□ **distributor** 名 分配する人、販売業者
□ **loading dock** 積荷場
□ **pastry** 名 ケーキ、菓子

Questions 95-97

英 ▶CD-1 55

95. 正解：(C) ☆☆☆

解説 冒頭で Patient visits to Tarwood Hospital have grown by 37.9 percent「来院患者数が増加した」とある。この部分をこの文中の最後、～ over the last five years が聞こえたときまで覚えていられるかがカギになる。正解は (C) The number of patient visits となる。

96. 正解：(A) ☆☆☆

解説 まず、3文目より、Belinda Winston がディレクターだということを確認しておく。5文目では She also recommended last week that ～とあり、この that 以下が正解への手がかりだと推測できる。that 以下、「ソフトをインストールし、患者達がオンライン予約を取る」と言っているので正解は (A) Recommend a technology である。

97. 正解：(D) ☆☆☆

解説 話し手が聞き手に求めていることは、6文目に I hope that we can all follow her example to learn innovative ways to cut costs. とある。「コスト削減」の意の (D) Reduce expenses が正解となる。

スクリプト

Questions 95 through 97 refer to the following talk.

Patient visits to Tarwood Hospital have grown by 37.9 percent over the last 5 years. As we can all see, our entire building is full of very busy staff treating them. Yet along with our growth have come much higher total expenses, from additional personnel to medical equipment; I therefore appreciate the efforts of director Belinda Winston to control costs whenever possible. For example, last year she approved the purchase of high-quality lobby furniture from a discount retailer. She also recommended last week that we install a software program that would allow patients to make appointments online instead of calling in; that could result in a lower volume of calls to our front desk. I hope that we can all follow her example to learn innovative ways to cut costs, while maintaining the high service standards that we are known for.

スクリプトの訳

設問 95 ～ 97 は次の話に関するものです。

ターウッド病院の来院患者数は過去5年間で37.9％増加しました。お分かりのように、院内は患者様たちの治療で忙しいスタッフが大勢おります。しかしながら、患者数の増加と共に全体の支出金額も追加人員から医療設備まで含み、高額になっています。それゆえディレクターのベリンダ・ウィンストン氏のできる限りコスト削減する努力に感謝します。例を挙げますと、昨年ベリンダ氏は高品質のロビー用家具をディスカウント店から購入することに賛成しました。彼女はまた、先週、患者様方が電話予約を取る代わりにオンライン予約システムを使えるソフトをインストールするように我々に勧めてくださり、その結果、受付の電話応対の量が減少しました。我々もベリンダ氏の方針に準じて、広く認められているような高いサービス水準を維持しつつ、コスト削減のための革新的な方法を学ぶことができるように努めて行きたいものです。

設問・選択肢の訳

95. 話し手によると、過去5年でターウッド病院の何が変わりましたか。
- (A) 治療の技術
- (B) スタッフの給付金の額
- **(C) 来院患者数**
- (D) ディレクターの役割

96. ベリンダ・ワトソン氏は先週何をしましたか。
- **(A) 技術の推薦**
- (B) 家具の購入
- (C) 機材の設置
- (D) 医療の予約

97. 話し手は聞き手に何をするように求めていますか。
- (A) 新ソフトのダウンロード
- (B) 受付と連絡をとること
- (C) 科学的に発展すること
- **(D) 支出を減らすこと**

ボキャブラリー

□ **treat** 他 治療する
□ **additional** 形 追加の
□ **recommend** 他 推薦する
□ **innovative** 形 革新的な
□ **technique** 名 技術
□ **install** 他 設置する
□ **download** 他 ダウンロードする
□ **scientifically** 副 化学的に

Questions 98-100

米 ▶CD-1 56

98. 正解：(D) ☆☆☆

解説 2文目で話し手は明日、仕事の予定が入っていたことを述べていて、5文目に I'm afraid I won't be able to join you tomorrow. と言っている。7文目には Please go to tomorrow's meeting alone. とあることからこの音声メールが予定変更に関するものだと分かり、正解は (D) To inform of a change となる。

99. 正解：(B) ☆☆

解説 話し手が電車に乗る時間は6文目の Instead, I have to catch a train that leaves at～の後を聞くと分かる。～at 7:00 P.M. と言っているので正解は (B) At 7:00 P.M. である。メッセージ中には他の選択肢に出てくる時刻も聞こえるので、数字だけを聞いて惑わされないように注意しよう。

100. 正解：(C) ☆☆☆

解説 話し手が謝罪している理由は、9文目の I'm very sorry to have to leave suddenly like this and that I can't join you. にある。急な予定変更と会議に参加できないことを謝罪しており、(C) が正解だと分かる。

スクリプト

Questions 98 through 100 refer to the following voicemail message.

Hi, Melissa. It's Jene. We're supposed to visit the sales vice-president at Hader Wholesaler Company tomorrow at 9:00 A.M. However, I just got a call from Tellmark Department Stores, and they want to see me at that time to discuss their autumn product line. That's an important client, so I didn't want to decline their request. However, I'm afraid I won't be able to join you tomorrow. Instead, I have to catch a train that leaves at 7:00 P.M. tonight in order to get to their headquarters in Berlin on time. I'm in a taxi on my way to the station right now. If you don't mind, please go to tomorrow's meeting alone. I'm very sorry to have to leave suddenly like this and that I can't join you. I have my cell phone and computer with me, so we can remain in contact while I'm on the train. I'll call you back at around 6:00 P.M.

スクリプトの訳

設問 98 ～ 100 は次の音声メールに関するものです。

メリッサ、ジーンです。僕たちは明日の午前9時にハーダーホールセラー社の販売副社長のところに行くことになっていたね。しかし、テルマーク百貨店から電話があって、秋物の商品のことで話したいことがあるから僕と会う必要があるみたいなんだ。彼らは重要な顧客だから申し出を断りたくはないんだよ。残念ながら明日メリッサたちと会えそうにないんだけど、代わりに今夜7時にハーダーの本社があるベルリンに時間通りに到着する電車に乗らないといけないよ。それで僕はいまタクシーに乗っていて駅に向かっているところなんだ。もしよかったら明日のミーティングには一人で参加してくれないかな？　本当に急に出発になって明日、一緒に行けないなんて申し訳ない。僕は携帯も、コンピュータも持っているから電車の中でも連絡が取れるよ。もう一度6時にかけ直すよ。

設問・選択肢の訳

98. 音声メールメッセージの主な用件は何ですか。
(A) 予約を取る
(B) 情報をリクエストする
(C) 注文をキャンセルする
(D) 変更を知らせる

99. 話し手は何時に電車に乗りますか。
(A) 午後6時
(B) 午後7時
(C) 午後8時
(D) 午後9時

100. 話し手はなぜ謝っているのですか。
(A) 彼は遅く本社を出たから。
(B) 彼は重要な顧客を逃したから。
(C) 彼は会議に出席できないから。
(D) 彼は連絡が取れなくなるから。

ボキャブラリー

□ **vice-president** 名 副社長
□ **decline** 他 断る
□ **request** 名 申し出
□ **headquarter** 名 本社
□ **Berlin** ベルリン
□ **suddenly** 副 突然
□ **voicemail message** 音声メール
□ **board** 他 乗り込む
□ **apologize** 自 詫びる
□ **contact** 名 連絡

Coffee Break
お決まり表現パターン

Part 1 TOEIC テストに超頻出の表現を要チェック！

オフィス・会議

The man is working at the keyboard.（男性はキーボードを打っている）

The woman is examining some documents.（女性は文書を調べている）

They are engaged in a discussion.（彼らは討論をしている）

レストラン・店舗

Several people are dining at a restaurant.
（何人かの人がレストランで食事をしている）

Some of the chairs are empty.（いくつかの席が空いている）

The waiter is pouring water into a glass.（ウェイターがグラスに水を注いでいる）

工事現場・工場

The worker is reading a manual.（従業員はマニュアルを読んでいる）

The building is under construction.（建物は工事中である）

They are wearing protective clothing.（彼らは防護服を身に着けている）

空港・道路

A plane has taken off from the airport.（飛行機が空港から離陸した）

Passengers are boarding the limousine.（乗客たちがリムジンに乗り込んでいる）

Cars are parked on the road.（車が道路に止めてある）

街並・室内

Women are working in the garden.（女性たちが庭で働いている）

A picture is hung on the wall.（絵が壁にかかっている）

The window is being cleaned.（窓は掃除されているところだ）

店・買い物

The shoppers are comparing items.（買い物客は商品を比較している）

Goods have been arranged on the table.（商品がテーブルの上に並べられている）

Customers are waiting in a line.（顧客が一列になって待っている）

テスト2
〈正解・解説〉

1. 正解：(A) ☆

豪 ▶CD-1 57

解説 数台の車がスロープを下っているのが見えるので (A) が正解。(B) 写真の坂道には花が植えられているが、車に花が積みこまれている状況ではない。(C) 道は緑に囲まれているが、熱帯雨林ほど木が茂っているわけではない。(D) 写真の中に sign「標識」が見えるが、設問では sign を動詞として使っており、不正解。

スクリプト
(A) Cars are going down the slope.
(B) Cars are loaded with flowers.
(C) The road runs through a tropical forest.
(D) Some people are signing a contract.

スクリプトの訳
(A) 車は坂道を下っている。
(B) 車には花が積まれている。
(C) 道路は熱帯雨林の中を通っている。
(D) 何人かの人々は契約書にサインしている。

ボキャブラリー
- □ **slope** 名 坂
- □ **load** 他 積む
- □ **road** 名 道路
- □ **tropical** 形 熱帯の
- □ **sign** 他 署名する
- □ **contract** 名 契約書

---

2. 正解：(C) ☆

加

解説 写真には「子供たち」も「ろうそくの光」も見える。しかし (A) は動詞部分が reading であり、何かを読んでいる様子ではないので不正解。(B) も主語が「子供たち」で「ケチャップ」も写真に見えるが動詞部分が pouring「かけている」であり間違い。(C) は rectangular「長方形」の意味が分かれば、残りの部分「机の上に置かれている」を確認し、正解だと分かる。(D) 写真は子供たちがケーキをカットしているところではない。

スクリプト
(A) Children are reading by candle light.
(B) Children are pouring ketchup on a dish.
(C) A rectangular cake is placed on a table.
(D) They are cutting cakes at a wedding.

スクリプトの訳
(A) 子供たちは蝋燭の灯りの下で読んでいる。
(B) 子供たちは食事にケチャップをかけている。
(C) 長方形のケーキがテーブルの上に置いてある。
(D) 彼らは結婚式でケーキを切っている。

ボキャブラリー
- □ **candle** 名 ろうそく
- □ **light** 名 光
- □ **pour** 他 かける、つぐ
- □ **ketchup** 名 ケチャップ
- □ **rectangular** 形 長方形の
- □ **wedding** 名 結婚式

3. 正解：(B) ☆

米 CD-1 58

解説 写真には people「人々」や snow「雪」が写っている。(A) People are having までは合っているように聞こえるが、雪合戦をしているのではないので、不正解。「人々が外で遊んでいる」の意の (B) が正解。(C) 手前の男性がホッケーをしているように見えるが、「決勝トーナメント」であるかどうかが不明。(D) 手前の男性が持っているものは「ほうき」ではない。他にもほうきを持っている人物は見当たらない。

スクリプト
(A) People are having a snowball fight.
(B) People are playing outdoors.
(C) A man is playing in the final tournament.
(D) A man is holding a broomstick.

スクリプトの訳
(A) 人々は雪合戦をしている。
(B) 人々は屋外で遊んでいる。
(C) 一人の男性が決勝トーナメントでプレーしている。
(D) 一人の男性がほうきを持っている。

ボキャブラリー
□ **have a snowball fight** 雪合戦をする
□ **outdoors** 副 屋外で
□ **final tournament** 決勝トーナメント
□ **broomstick** 名 ほうき

---

4. 正解：(A) ☆

英

解説 正面に見えるものは道路であるが、周辺の物を主語にした文が正解になる場合も多い。本問の場合も「木々」を主語とした (A) が正解である。(B) 道路は写真の奥に向けて緩やかな上り坂にも見えるが、右に急カーブしているほどではない。また、道路はきれいに舗装されているので (C) は不正解。(D) はこの付近の交通は比較的空いているように見えるので間違い。

スクリプト
(A) The trees have lost their leaves.
(B) The road turns sharply to the right.
(C) The road is covered with gravel.
(D) There are serious traffic jams around here.

スクリプトの訳
(A) 木々は葉を失ってしまっている。
(B) 道路は右に急カーブしている。
(C) 道路は砂利で覆われている。
(D) 付近では交通渋滞が深刻である。

ボキャブラリー
□ **leaves** 名 leaf の複数形
□ **leaf** 名 葉
□ **sharply** 副 鋭く
□ **gravel** 名 砂利
□ **serious** 形 深刻な
□ **traffic jam** 交通渋滞

5. 正解：(B) ☆☆

豪 ▶CD-1 59

解説 写真に見える人々を何と表現するかが一つのポイントとなる。(A) 彼らは spectators「見物人」ではないので不正解。ソファーに仰向けになっているのが customers「客人」と思われる。したがって (B) が正解。(C) マッサージをしている人々は technician「専門家」とも言えるが、写真の動作は「靴の修理」ではない。(D) 写真の中に operator「交換手」は見当たらない。

スクリプト
(A) Spectators are gathered on this floor.
(B) Customers are resting on a sofa bed.
(C) Technicians are repairing their shoes.
(D) Operators are giving messages to the office.

スクリプトの訳
(A) 見物人たちはこのフロアに集まっている。
(B) 客たちはソファーベッドの上で横になっている。
(C) 技術者は靴を修理している。
(D) オペレーターは事務所にメッセージを送っている 。

ボキャブラリー
- □ **spectator** 名 観客
- □ **customer** 名 客人
- □ **rest** 自 休憩する
- □ **sofa bad** ソファーベッド
- □ **technician** 名 技術者
- □ **repair** 他 修理する
- □ **operator** 名 操作員

---

6. 正解：(A) ☆☆

加

解説 数人の若者がベンチに座って手元の何かを見ている写真。(A) が正解である。(B) は左端の男性が帽子を被っていないので不正解。(C) 彼らは手に何かを持っているが、「荷物を運んでいる」動作は当てはまらない。(D) 彼らは横一列に並んではいるが、空港のゲートで順番を待って列を作っているのではない。

スクリプト
(A) Some people are seated on a bench.
(B) The men are all wearing caps.
(C) They are carrying their baggage.
(D) They are lined up at the airport gate.

スクリプトの訳
(A) 何人かの人々はベンチに座っている。
(B) 男性は皆、帽子をかぶっている。
(C) 彼らは荷物を運んでいる。
(D) 彼らは空港のゲートで列をつくっている。

ボキャブラリー
- □ **seat** 他 座らせる
- □ **bench** 名 ベンチ
- □ **cap** 名 帽子
- □ **baggage** 名 荷物
- □ **line up** 並ぶ
- □ **airport** 名 空港

7. 正解：(D) ☆

米　CD-1 60

解説 動物の上に椅子が置いてあるが、ここだけに注目して正解を聞き逃さないように注意。(A) upside-down は「逆さまの」の意。chair と upside だけを聞き取れたからといって早とちりしてこれにマークしないように。(B) 主語は「象」で合っているが、「水浴び」はしていない。(C) 主語の「男性」はペットにえさをやっているのではない。(D)「男性」が「動物」の横に立っており、これが正解。

スクリプト
(A) A chair is upside-down.
(B) An elephant is bathing in a river.
(C) A man is feeding his pet.
(D) A man is standing near an animal.

スクリプトの訳
(A) 椅子が上下逆になっている。
(B) 象が川で水浴びしている。
(C) 男性がペットに餌をやっている。
(D) 男性が動物の近くで立っている。

ボキャブラリー
□ **upside-down** 形 さかさまの
□ **elephant** 名 象
□ **bath** 自 入浴する
□ **feed** 他 食べ物を与える

---

8. 正解：(B) ☆

英

解説 (A) 写真の中では wheel「車輪」が目に入る。しかし運転手が点検しているところではない。乗り物の上に乗客が乗っていないので (B) が正解。(C) 自転車レースに賭けているというのは写真の状況とは違う。(D) put the cart before the horse は「本末転倒する」の意味のイディオム。

スクリプト
(A) A driver is checking the wheel.
(B) There is no passenger in the carriage.
(C) She is betting on cycle races.
(D) She is putting the cart before the horse.

スクリプトの訳
(A) 運転手はホイールを点検している。
(B) 乗り物には乗客が乗っていない。
(C) 彼女は自転車レースに賭けている。
(D) 彼女は本末転倒している。

ボキャブラリー
□ **wheel** 名 車輪
□ **passenger** 名 乗客
□ **carriage** 名 馬車、乗り物、車両
□ **bet** 自 金を賭ける
□ **cycle race** 自転車レース
□ **put the cart before the horse** 本末転倒する

9. 正解：(B) ☆

米 ▶CD-1 61

解説 (A) 沢山の人々が写真に写っているが、明確に「皿をいっぱいにしている」人は見当たらない。手前のほうの座席が空席であることから (B) が正解。(C) ウェイターのような人がテーブルを片付けている様子は見られない。(D) テーブルの上に置いてあるのはメニューの写真、もしくは左側にカップのようなものが見えるのみ。

スクリプト
(A) People are filling their plates.
(B) Several seats are unoccupied.
(C) Waiters are clearing the dishes off the tables.
(D) There are flowers on the tables.

スクリプトの訳
(A) 人々は皿をいっぱいにしている。
(B) いくつかの座席は誰も座っていない。
(C) ウェイターはテーブルから皿を片付けている。
(D) テーブルの上に花がある。

ボキャブラリー
□ **fill** 他 満たす
□ **unoccupied** 形 占められていない
□ **waiter** 名 ウェイター

---

10. 正解：(A) ☆

英

解説 人物一人が写っている写真。動作や背景に注目しよう。女性は水辺で座っているので (A) が正解。写真に水辺が写っているがそれが「温泉」かは不明。女性が入浴している状況ではないので (B) は不正解。(C) 最後の語の stone「石」に反応し、間違えてこれを正解にしないように。(D) これも油断して最後の umbrella「傘」だけを聞いていると誤ってマークしがちな選択肢である。

スクリプト
(A) She is sitting by the water side.
(B) She is taking an open air hot spring bath.
(C) She is wearing a ring with a precious stone.
(D) She has closed her umbrella.

スクリプトの訳
(A) 彼女は水辺で座っている。
(B) 彼女は屋外の温泉に浸かっている。
(C) 彼女は高価な石のついた指輪をはめている。
(D) 彼女は自分の傘を閉じたところだ。

ボキャブラリー
□ **water side** 水辺
□ **hot spring** 温泉
□ **open air** 野外
□ **ring** 名 指輪
□ **precious** 形 高価な、貴重な
□ **stone** 名 石
□ **umbrella** 名 傘

11. 正解：(A)　☆☆

英 ▶ 米　▶CD-1 62

解説 疑問詞 How ～? で始まる疑問文。「記者会見はどうでしたか?」という質問に対して、「良かったです」と感想を述べた後に会見の内容に触れている (A) が正解。(B) は設問の work out と同じ音を含む workaholic が用いられているが記者会見とは無関係であり、時制も現在形になっている。(C) は設問の press conference 中の press が聞こえるが、「それは急ぎの交渉でした」では質問に答えていないので不正解。

スクリプト

How did the press conference work out?
(A) Good, but they said the band will disband after the concert.
(B) The president is a workaholic.
(C) It was a pressing negotiation.

スクリプトの訳

あの記者会見はどうなりましたか。
(A) いい会見でしたが、彼らはそのバンドがコンサート後に解散になると言っていました。
(B) 社長は仕事中毒です。
(C) それは差し迫った交渉でした。

ボキャブラリー

- ☐ **press conference** 記者会見
- ☐ **disband** 自 解散する
- ☐ **concert** 名 コンサート
- ☐ **workaholic** 形 仕事中毒の
- ☐ **negotiation** 名 交渉

---

12. 正解：(A)　☆☆

豪 ▶ 加　▶CD-1 63

解説 疑問詞のつかない疑問文、Do you ～? に答える問題。「プロジェクターはありますか」に対して、あるかどうか、ではなく「必要です」という意図をくみ取り「どうぞお使い下さい」と答えている (A) が正解である。(B) は「はい」から始まるので正解だと思いがちであるが、質問に答えてはいない。(C) は「ビジネスを拡大する」と言っている。expand の発音が extra に似ているが、音につられてマークしないように注意。

スクリプト

Do you happen to have the extra projector?
(A) Please use the one in the meeting room.
(B) Yes, I have been there twice.
(C) The manager is planning to expand our business.

スクリプトの訳

ひょっとしたら余分にプロジェクターはありますか。
(A) 会議室にあるのをお使い下さい。
(B) はい。そこに2回行ったことがあります。
(C) マネージャーはビジネスを拡大する計画を立てています。

ボキャブラリー

- ☐ **projector** 名 映写機
- ☐ **expand** 他 拡大する

13. 正解：(C) ☆

米 ▶ 加　▶CD-1 64

解説 疑問詞 Whose で始まる疑問文の問題。(A) は cream の発音が clean と似ているが、「誰の順番か？」に答えていない。(B) は設問の「掃除をする」に対して「クリーニング屋」の所在について答えている。「きれいにする」というイメージのみが一致しているが、不正解。「誰の？」に対して「あなたの順番です」と答えている (C) が正解である。

スクリプト

Whose turn is it to clean the lobby?
(A) I have my own face cream.
(B) There is a laundry near the station.
(C) I think it's your turn.

スクリプトの訳

ロビーを掃除するのは誰の順番ですか。
(A) 私は自分のフェイスクリームを持っています。
(B) 駅の近くにクリーニング屋があります。
(C) あなたの番だと思いますよ。

ボキャブラリー

□ **clean** 他 きれいにする　□ **lobby** 名 ロビー
□ **face cream** フェイスクリーム　□ **laundry** 名 クリーニング屋

---

14. 正解：(A) ☆☆☆

英 ▶ 豪　▶CD-1 65

解説 Shall I ～? で始まる提案文。spruce up は「きれいにする」の意だと分からなくても Shall I ～動詞～ your room (目的語) ? の形が分かれば解答できる。「私があなたの部屋を～しましょうか？」に対して「それには及びません」と答えている (A) が正解。(B) は he が誰を指しているのかが不明。(C) opening は設問の room が「あなたの部屋」の意味でなく、例えばホテルの空き部屋などと誤って解釈した場合のトラップである。

スクリプト

Shall I spruce up your room?
(A) It isn't worth the trouble.
(B) To tell you the truth, he left his place.
(C) There are no openings at this time.

スクリプトの訳

掃除しましょうか。
(A) それには及びません。
(B) 本当のことをいうと、彼は自分の場所を出ました。
(C) 今空きがありません。

ボキャブラリー

□ **spruce up** きれいにする　□ **worth** 前 価値がある
□ **trouble** 名 苦労

15. 正解：(C)　☆☆

加 ▶ 米　CD-1 66

解説 付加疑問文に答える問題。「レシートを持っていませんよね？」に対して、keep in touch「連絡を取り合う」の意のイディオムを用いた (A) は質問に答えていない。(B) は receive の発音が一部、設問の receipt と似ているのみで不正解。「はい」と答えてから、レシートの入っている場所を教えている (C) が正解である。

スクリプト

You don't have a copy of receipt I could keep, do you?
(A) Please keep in touch.
(B) I didn't receive a magazine this weekend.
(C) Sure, it's in my pocket.

スクリプトの訳

私が取っておくことのできるレシートを持っていませんよね。
(A) 今後も連絡を取り合いましょう。
(B) 週末には雑誌を受け取りませんでした。
(C) もちろんあります。ポケットに入っていますよ。

ボキャブラリー

□ **receipt** 名 受領証　□ **keep in touch** 連絡を保つ

---

16. 正解：(A)　☆

豪 ▶ 英　CD-1 67

解説 Who ～？で始まる疑問文の問題。「誰が送りましたか」に対して人名で答えている (A) が正解。(B) は「はい」と答えている時点で正解ではない。設問の sent と scent の発音は同じであり、花に関する応答であるので誤答しやすい。(C) も flower の語が含まれているが、「私は花屋を勧めます」では「誰」に対する応答にならず、不正解。

スクリプト

Who sent the bouquet of flowers to the president?
(A) Mr. Grand did, for her birthday.
(B) Yes, I like the scent of roses.
(C) I recommend the flower shop next door.

スクリプトの訳

誰が社長に花束を贈りましたか。
(A) グラント氏が、彼女の誕生日に贈りました。
(B) はい、私はバラの香りが好きです。
(C) 私は隣の花屋をお勧めします。

ボキャブラリー

□ **bouquet** 名 花束　□ **scent** 名 香り
□ **recommend** 他 推薦する

17. 正解：(B) ☆☆

豪 ▶ 加 ▶CD-1 68

解説 What would you say ～? は「どう思いますか」の意。(A) は he が指す人物が分からない。またソフトウェアに関する質問に対して「野球をしないように」では会話が成り立たない。(B) は「それは良い考えですね」と質問に答えており、正解。(C)「顧客との契約」は設問に無関係である。

スクリプト What would you say if I install this new software program?
(A) Please tell him not to play softball.
(B) That's a good idea.
(C) I have ruined a contract with my client.

スクリプトの訳 私がこの新しいソフトウェアーをインストールすることはどう思いますか。
(A) 野球をしないように彼に伝えて下さい。
(B) それはいい考えですね。
(C) 私は顧客との契約をダメにしてしまいました。

ボキャブラリー
☐ **install** 他 インストールする　☐ **software** 名 ソフトウェア
☐ **softball** 名 ソフトボール　☐ **ruin** 他 破滅させる
☐ **client** 名 顧客

---

18. 正解：(C) ☆☆

英 ▶ 米 ▶CD-1 69

解説 平叙文に答える問題。be dying for ～は「～が欲しくてたまらない」の意のイディオム。right (副) は「すぐに」の意。(A) は right を「正しい行い」の意味で用いており、間違い。(B) は設問の die を文字通り「死ぬ」の意味に誤解した場合に考えられる応答である。「ステーキが食べたい」に対して「では今夜いつもの店に行きませんか?」と答えている (C) が正解。

スクリプト I'm just dying for a steak right now!
(A) He will never know the difference between right and wrong.
(B) Shall I call for an ambulance?
(C) Why don't we go to the usual place tonight?

スクリプトの訳 今、ステーキが食べたくてたまりません。
(A) 彼には絶対に善悪の区別が分からないでしょう。
(B) 救急車を呼びましょうか。
(C) では、今夜いつもの場所に行きませんか。

ボキャブラリー
☐ **be dying for** ～したくてたまらない
☐ **ambulance** 名 救急車　☐ **usual** 形 いつもの

19. 正解：(B) ☆☆

加 ▶ 豪　CD-1 70

解説 疑問詞 How ～？で始まる疑問文。How many ～？はもちろん「数」を聞いているが、ここでは「人数」が問われていることを設問を聞いた瞬間に頭に入れておこう。(A) には数が含まれているが、「人数」ではなく「金額」を答えている。「従業員の大多数です」というようにおおよその人数で答えている (B) が正解。(C) は How long ～？「どのくらい長く～？」と聞かれた場合の応答として考えられるが、ここでは不正解。

スクリプト
How many people will agree to this change?
(A) Your change is 25 cents.
(B) Probably the majority of employees.
(C) Ever since I moved to this department.

スクリプトの訳
この変更に何人の人が同意しますか。
(A) あなたのおつりは25ドルです。
(B) おそらく大部分の従業員たちです。
(C) この部署に転勤になってからずっとです。

ボキャブラリー
□ **majority** 名 大多数　□ **department** 名 部署

---

20. 正解：(A) ☆

米 ▶ 英　CD-1 71

解説 疑問詞を使わない疑問文。over はここでは「終わって」の意の形容詞。「試合は終わりましたか」に対して「いいえ」と答えた後に現在の状況を説明している (A) が正解。(B) は team member が「試合」と関連語のように思えるが、未来の事柄に言及しているため、不正解。(C) は最後の games の音だけが耳に残ると誤答しがちであるが「箱がボードゲームでいっぱいです」とあり、設問に答えていない。

スクリプト
Is the game over yet?
(A) No, it's still going.
(B) I will see the team members over the weekend.
(C) The box is full of board games.

スクリプトの訳
もう試合は終わりましたか。
(A) いいえ、まだ続いています。
(B) 私は週末にこのチームのメンバーたちに会いに行きます。
(C) その箱はボードゲームでいっぱいです。

ボキャブラリー
□ **over** 形 終わって、済んで　□ **full** 形 いっぱいの
□ **board game** ボードゲーム

21. 正解：(A) ☆☆

英 ▶ 豪　▶CD-1 72

解説 平叙文に答える問題。会話が流れているものが正解になる。「フィリップスさんがよろしくと言っていました」という話に対する応答は礼を述べてから「こちらこそ」と言っている (A) が正解。(B) は「初めまして」と言っている。(C) は例えばスポーツジムの受付での会話ではあり得る。しかしここでは状況にあてはまらない。

スクリプト
Mr. Phillips at the sports gym said to say hello to you.
(A) Oh, thank you. Please tell him I said hello, too.
(B) Nice to meet you, too.
(C) May I see your ID, please.

スクリプトの訳
スポーツジムのフィリップスさんがあなたによろしくと言っていましたよ。
(A) そうですか、ありがとう。私からもよろしくお伝え下さい。
(B) こちらこそ初めまして。
(C) 身分証明書を見せてもらえますか。

ボキャブラリー
□ **gym** 名 ジム（gymnasium の短縮形）
□ **ID** 名 身分証明書（identification の省略形）

---

22. 正解：(A) ☆☆

米 ▶ 加　▶CD-1 73

解説 疑問詞 Why ～? で始まる疑問文。「なぜ値段の範囲を知らせるべきか?」に対して「顧客が商品を注文できるから」と応答している (A) が正解。設問に range「範囲」とあるので between「～の間」を使った (B) に誤答しないよう注意。(C) は Why ～? に対して Because で答えているが「外が雨だから」では顧客への通知の説明として不適当。

スクリプト
Why do we have to notify the customers of the price range?
(A) So they can smoothly order the items.
(B) Between Routes 3 and 6.
(C) Because it's raining outside.

スクリプトの訳
私たちはなぜ顧客に値段の幅について知らせる必要があるのですか。
(A) そうすれば彼らが商品をスムーズに注文できるからです。
(B) 3号線と6号線の間です。
(C) 外は雨が降っているからです。

ボキャブラリー
□ **notify** 他 知らせる
□ **range** 名 範囲
□ **route** 名 道
□ **price** 名 値段
□ **smoothly** 副 円滑に

23. 正解：(B) ☆

豪 ▶ 英　▶CD-1 74

解説 May I ～? から始まる、相手の許可を問う問題。設問を聞いた瞬間に状況が想像できるように訓練しておこう。ここではウェイターが「注文をお取りしましょうか?」と聞いている。(A) のように設問の order と選択肢の最後の単語が同じ場合に、音につられて誤答しないように注意。自分が食べたいものを注文している (B) が正解。(C) は「隣に住んでいます」と質問に答えていない。

スクリプト

May I take your order?
(A) His room was in order.
(B) Yes, I will have the spaghetti bolognaise.
(C) I live next door.

スクリプトの訳

ご注文はお決まりですか。
(A) 彼の部屋は片付いていました。
(B) はい。スパゲティボロネーゼにします。
(C) 私は隣に住んでいます。

ボキャブラリー

□ **order** 名 注文
□ **spaghetti bolognese** スパゲッティボロネーゼ

---

24. 正解：(C) ☆☆

加 ▶ 米　▶CD-1 75

解説 付加疑問文に答える問題。won't の発音だけを聞いて want「～したい」と勘違いする人が多い。文全体の構文を考えるようにしよう。(A)Yes「はい」と答えると、「はい、それには時間がかかります」の意味になってしまうので不適当。(B) shortcomings は「欠点」の意。設問の long と対比させて誤答を誘っている。「数時間のみです」と答えている (C) が正解。

スクリプト

This won't take very long, will it?
(A) Yes, I will be taking a train.
(B) Does he have any shortcomings?
(C) Just a few hours.

スクリプトの訳

これはそんなに時間が長くかからないですよね。
(A) はい。私は電車を利用します。
(B) 彼には何か欠点はありますか。
(C) 数時間だけです。

ボキャブラリー

□ **shortcoming** 名 欠点

25. 正解：(C)　☆

豪 ▶ 加　▶CD-1 76

解説 疑問詞 Which で始まる疑問文。「どちらのレポートですか?」という質問に対して (A) は「夜景」が主語であり、設問の describe を名詞で用いており、間違い。設問は報告書の正確さを聞いているが (B) は時計の正確さについて答えている。(C) は「マークが仕上げた方です」と、正確な方の報告書を示しているので正解。

スクリプト

Which report describe the problem more accurately?
(A) The night view was beyond description.
(B) The wall clock keeps good time.
(C) The one done by Mark.

スクリプトの訳

どちらの報告書が問題をより正確に説明していますか。
(A) その夜景は言葉で表せないほどでした。
(B) その壁時計は正確です。
(C) マークが仕上げた方です。

ボキャブラリー

- □ **describe** 他 説明する
- □ **accurately** 副 正確に
- □ **beyond description** 言葉で表現できない
- □ **keep good time** 時計が正確である

---

26. 正解：(B)　☆☆☆

英 ▶ 米　▶CD-1 77

解説 疑問詞を使わない疑問文。Did you ～? などの疑問文に、単純に Yes, I did. などで答えている文が正解である可能性は最近少ない。(A) は read が含まれていることのみが設問と一致しているが不正解。(B) は直接「機会があった」とは言っていないが、質問の「草稿」を読んだことを暗に答えており正解。設問の chance「可能性」draft「草稿、隙間風」などの単語から (C) は「天候」に関連する用語を用いて誤答を誘っている。

スクリプト

Did you get a chance to read the draft of my presentation yet?
(A) You have to do the reading assignment before the workshop.
(B) It is about product recognition, right?
(C) That depends on the temperature.

スクリプトの訳

私のプレゼンの草稿を読む機会はありましたか。
(A) ワークショップの前に読む課題を終わらせなければなりません。
(B) それは商品知名度についてのものですよね。
(C) 気温によります。

ボキャブラリー

- □ **draft** 名 草稿
- □ **presentation** 名 プレゼンテーション
- □ **assignment** 名 課題
- □ **workshop** 名 研究集会
- □ **recognition** 名 認知
- □ **temperature** 名 天気

27. 正解：(C)　☆☆

加 ▶ 豪　▶CD-1 78

解説 疑問詞 What で始まる疑問文。商業地域に戻るのに最も簡単な方法を答えているものを選ぶ。(A) は設問の easy と対比し difficult が使われているが、it の指すものが不明。設問の back は「場所に戻る」の意であるが、(B) の back は「電話を返す」の文脈であり、間違い。(C) が具体的に戻る方法を述べており、正解である。

スクリプト
What's the easiest way to get back to the business district?
(A) I thought it was difficult.
(B) OK, I will tell him to call you back.
(C) Take the shuttle bus.

スクリプトの訳
商業地域に戻るのに一番簡単な方法は何ですか。
(A) それは難しいと思いました。
(B) いいですよ。彼に電話を返すように言いましょう。
(C) シャトルバスに乗ってください。

ボキャブラリー
□ **district** 名 地域　□ **shuttle bus** シャトルバス

---

28. 正解：(C)　☆

米 ▶ 英　▶CD-1 79

解説 疑問詞を使わない疑問文。Do you have a second? は「時間がありますか？」と聞いている。second を「２番目の」の意味にとると (A) に誤答する可能性がある。また、second には「お代わり」の意味もあり、(B) は「お腹がいっぱいです」と答えているので惑わされないように。(C) は「今は忙しくない」と言っているので正解。

スクリプト
Susie, do you have a second?
(A) No, I only have one child.
(B) Thank you, but I am already full.
(C) Sure, I'm not too busy now.

スクリプトの訳
スージー、少し時間はありますか。
(A) いいえ、私には子供が一人だけいます。
(B) ありがとう、でももうお腹がいっぱいです。
(C) もちろん、今はそんなに忙しくありませんから。

ボキャブラリー
□ **Do you have a second?** 時間がありますか？
□ **full** 形 満腹である

29. 正解：(A) ☆

加 ▶ 米　▶CD-1 80

解説 疑問詞 When で始まる疑問文。積み荷を手配するタイミングを答えている (A) が正解。(B) は確かに when に対して「時間」に言及しているが、過去のことを言っているので不適当。(C) は設問を「船の予約をしている」と誤解した場合に間違えそうな選択肢。

スクリプト

When are you going to arrange the shipment?
(A) Right after it is ready.
(B) Over a week ago.
(C) The ticket for a cruise ship.

スクリプトの訳

いつ積み荷を手配するのですか。
(A) 準備ができ次第すぐです。
(B) 一週間以上前です。
(C) クルーズ客船用のチケットです。

ボキャブラリー

□ **arrange** 他 手配する　□ **shipment** 名 発送
□ **cruise ship** 巡航客船

---

30. 正解：(A) ☆☆

豪 ▶ 英　▶CD-1 81

解説 疑問詞 How で始まる疑問文。How late ～? はどれくらい遅くまでの意。時間を答えている (A) が正解。(B) は数字を言っているが、時間でなく年齢を答えており、不正解。(C) は設問の theater に関連した musical「ミュージカル」と言っているが、質問に答えていない。

スクリプト

How late is the theater open tonight?
(A) Until 11 o'clock, I guess.
(B) He is 43.
(C) Please do not be late for the musical.

スクリプトの訳

劇場は今日どれくらい遅くまで開いていますか。
(A) おそらく 11 時までです。
(B) 彼は 43 歳です。
(C) ミュージカルには遅れないようにしてください。

ボキャブラリー

□ **theater** 名 劇場　□ **musical** 名 ミュージカル

31. 正解：(B) ☆

米 ▶ 加　CD-1 82

解説 疑問詞 Why で始まる疑問文。「どうして」と聞いているのに「もちろん」と答えている (A) は不正解。設問の transfer「転勤」を「乗り換え」の意味と誤解するとtimetable の語に惑わされてしまう。(B) は「彼女の叔父が住んでいる」と、転勤に応募した理由を述べており、正解。(C) 彼女がメキシコ語を話せるかどうかは設問で聞かれていない。

スクリプト
Why did Karla apply for transfer to Mexico?
(A) Sure, I will examine the timetable.
(B) Because her uncle lives there.
(C) No, she doesn't speak Spanish.

スクリプトの訳
カーラはどうしてメキシコへの転勤に応募したのですか。
(A) もちろん、時刻表を調べてみます。
(B) 彼女の叔父がそこに住んでいるからです。
(C) いいえ、彼女はスペイン語を話しません。

ボキャブラリー
□ **transfer** 自 転勤する　□ **examine** 他 調べる
□ **timetable** 名 時刻表　□ **Spanish** 名 スペイン語

---

32. 正解：(C) ☆☆

英 ▶ 豪　CD-1 83

解説 Would you ～? で始まる、相手の意向を問う問題。Would you like ～? は「～はいかがですか?」の意であるが、Would you like me to ～? は「私に～してほしいですか?」の意。(A) は例えば「コーヒーにミルクと砂糖はつけますか?」と聞かれた場合の答えとしてあり得るが、ここでは不適当。(B) は設問とは無関係。「ありがとう、とても親切ですね」と答えている (C) が正解である。

スクリプト
Would you like me to take you to the grocery store?
(A) Just sugar, please.
(B) I took nutritional science in college.
(C) Thank you, that's very kind of you.

スクリプトの訳
あなたのことを食料品店に連れて行って欲しいですか。
(A) 砂糖だけ、お願いします。
(B) 大学で栄養学の授業をとりました。
(C) ありがとう、とても親切ですね。

ボキャブラリー
□ **grocery store** 食料雑貨店　□ **nutritional** 副 栄養上の
□ **science** 名 科学

33. 正解：(B) ☆

米 ▶ 英　▶CD-1 84

解説 付加疑問文の問題。設問の主語 they とは、おそらく旅行会社か団体のようなものを指していると考える。sightseeing は「観光」の意。eyesight「視力」と混同して (A) を選択しないよう注意。「そのとおり」と肯定してから現在の状況を述べている (B) が正解。(C) 旅行の話題ではあるが、イタリアに行ったことについて聞かれているわけではない。

スクリプト

They used to offer sightseeing tours, didn't they?
(A) Yes, I would like to test my eyesight.
(B) That's right, but they do not any longer.
(C) I have never been to Italy.

スクリプトの訳

彼らはよく観光ツアーを提供していたものでしたよね。
(A) はい。視力検査をしたいです。
(B) そのとおりですが、今はしてないようです。
(C) 私はイタリアに行ったことがありません。

ボキャブラリー

- □ **sightseeing** 名 観光
- □ **eyesight** 名 視力
- □ **tour** 名 旅行
- □ **Italy** 名 イタリア

---

34. 正解：(A) ☆☆

豪 ▶ 加　▶CD-1 85

解説 疑問詞 Why で始まる疑問文。「この文書はどうして極秘なのか」に対して (A) は「個人情報が含まれているから」と理由を述べており、正解。(B) は設問の confidential「極秘の」と音の似ている confidence「自信」を用いているが質問に答えていない。(C) は Why に対して because で答えているが、会話が成立しておらず、不正解。

スクリプト

Why is this document so confidential?
(A) The data is quite personal.
(B) The director has confidence in it.
(C) Because the double room will be too small.

スクリプトの訳

この文書はどうしてそんなに極秘なのですか。
(A) 個人情報が含まれているからです。
(B) ディレクターはそれに自信を持っています。
(C) なぜならダブルルームは小さすぎるでしょう。

ボキャブラリー

- □ **document** 名 文書
- □ **quite** 副 ほとんど
- □ **director** 名 管理職の人
- □ **confidential** 形 内々の
- □ **personal** 形 個人の
- □ **double room** 2人用の部屋

35. 正解：(C) ☆☆☆

米 ▶ 加　CD-1 86

解説 平叙文に答える問題。設問は疑問文の形ではなく、この場合「問い合わせが多すぎて対処できない」と仕事量の多さに関して不満を述べている。(A) は実際に電話で話しているときのやりとりであり、ここでは不適当。(B) は解決策を示しているようにも聞こえるが、「会員証の更新」では受け答えとして不自然。不満に対して「十分処理しています」と相手をなだめている (C) が正解といえる。

スクリプト
There are so many telephone inquiries to answer. I will never cope with them.
(A) Sorry, he is on another line.
(B) Then, why don't you renew your membership card?
(C) You seemed to be handling it quite well.

スクリプトの訳
電話の問い合わせが多すぎて、とても対処しきれません。
(A) 申し訳ありません。彼は他の電話に出ております。
(B) それなら会員カードを更新したらいかがですか。
(C) あなたは十分に処理しているように見受けられますよ。

ボキャブラリー
- □ **inquiry** 名 問い合わせ
- □ **cope** 自 対処する
- □ **renew** 他 更新する
- □ **membership** 名 一員であること
- □ **handle** 他 処理する

---

36. 正解：(A) ☆☆

豪 ▶ 英　CD-1 87

解説 疑問詞のつかない疑問文、2つのうちどちらかを選択する文の問題。「オリジナルと改訂版のどちらが必要ですか?」と聞いているのに対して (A) はさらに詳細を聞いているので会話が成り立っており、正解。(B)「～の方が好き」の意味の prefer が聞こえるが選んでいるものが設問とは無関係。(C) は設問の manual「手引書」を「マニュアル車」の意味で使っている。

スクリプト
Do you need an original manual or a revised one?
(A) What's the difference?
(B) I'd prefer regional stores.
(C) I think he can drive a manual.

スクリプトの訳
オリジナルのマニュアルが必要ですかそれとも改訂版が必要ですか。
(A) 違いは何ですか。
(B) 私は地方の店の方を好みます。
(C) 彼はマニュアル車を運転できると思います。

ボキャブラリー
- □ **original** 形 原型の
- □ **manual** 名 手引書
- □ **revise** 他 改訂する
- □ **regional** 形 地方の

テスト 2

37. 正解：(A)　☆

加 ▶ 豪　▶CD-1 88

解説 疑問詞 Where で始まる疑問文。stylish は「流行の、上品な」の意。「どこにありますか?」に対して「道の反対側の場所を知っています」と答えている (A) が正解。(B) は No と答えている時点で不適当。(C)「カプチーノをください」は喫茶店の中で行われる会話として考えられる。

スクリプト　Where can I find a stylish coffee shop for the meeting?
(A) I know some good ones across the street.
(B) No, that is too fashionable.
(C) I'd like to order a cappuccino.

スクリプトの訳　ミーティングのための上品な喫茶店はどこで見つけられますか。
(A) 道の反対側にいい店がありますよ。
(B) いいえ、それはおしゃれすぎます。
(C) カプチーノを注文したいです。

ボキャブラリー
□ **stylish** 形 上品な　□ **fashionable** 形 流行の
□ **cappuccino** 名 カプチーノ

---

38. 正解：(C)　☆☆

英 ▶ 米　▶CD-1 89

解説 疑問詞 When で始まる疑問文。この問題では「いつ?」に対して時間で答えている選択肢がないことに注意。(A) は設問と should start の箇所が一致しているので間違いやすいが、会話が流れていない。(B)「頻繁にそのことを考えます」では、いつ始めるかの答えになっておらず、不正解。(自分では分からないけれど) 計画者の一人であるアンに聞いてくださいと言っている (C) が正解。

スクリプト　When do you think I should start setting up for the party?
(A) You should start drinking soon.
(B) I frequently think about it.
(C) Ask Anne. She is one of the members organizing it.

スクリプトの訳　パーティーの準備をいつ始めればいいと思いますか。
(A) すぐに飲み始めるべきです。
(B) 私は頻繁にそのことを考えます。
(C) アンに聞いてください。彼女は計画者のうちの一人ですから。

ボキャブラリー
□ **set** 他 用意する　□ **frequently** 副 頻繁に
□ **organize** 他 計画する

39. 正解：(B) ☆☆

豪 ▶ 加　CD-1 90

解説 Weren't there ～? で始まる否定疑問文。つまり There is 構文「～があります」に not がつき、疑問文になったもの。設問を聞いた瞬間にすぐに状況を想像できるように練習しておこう。(A) は him の指す人物が分からないことと、質問に答えていないことから不正解。(B)「なかったのですか?」に対して「はい、ありました。でも参加できませんでした」と答えているので正解。(C) は「お別れ会」が質問とは無関係。

スクリプト

Weren't there any orientation sessions for the new employees?
(A) What are we going to buy for him?
(B) Yes, but I missed them. Sorry.
(C) Yes, I attended at the farewell party.

スクリプトの訳

新入社員のための説明会はなかったのですか。
(A) 彼のために何を買いますか。
(B) ありましたが、参加できませんでした。すみません。
(C) はい、お別れ会に参加しました。

ボキャブラリー

□ **orientation** 名 オリエンテーション
□ **miss** 他 取り逃がす　□ **farewell** 名 別れ

---

40. 正解：(C) ☆☆

米 ▶ 英　CD-1 91

解説 平叙文に答える問題。assembly line は「組み立てライン」の意。(A) は line を in line「一列に」と別の意味で用いており、会話が流れていない。(B) も「フィットネスクラブ行きのバス」は質問とは無関係である。(C)「気にしないで」と言ってから、気にしなくてもいい理由について説明しているので正解。

スクリプト

Please excuse my ignorance about the assembly line.
(A) I'm sorry. You need to wait in line.
(B) There is a bus bound for the fitness club.
(C) Don't worry. The factory manager will explain everything.

スクリプトの訳

組み立てラインのことについてあまりよく分からないことをお許しください。
(A) 申し訳ありません。一列に並んで待ってください。
(B) フィットネスクラブ行きのバスがあります。
(C) 気にしないでください。工場長が全て説明しますから。

ボキャブラリー

□ **excuse** 他 許す　□ **ignorance** 名 知識のないこと
□ **assembly line** 組み立てライン　□ **in line** 一列に
□ **bound for** ～行きの　□ **fitness** 名 フィットネス
□ **explain** 他 説明する

Questions 41-43

米 ▶ 英　▶CD-2 1

41. 正解：(A)　☆

解説 男性が「ジャケットを返品したい」と言っているのに対して、女性が最初の発言で謝罪した後、「不良品以外はご遠慮いただいています」と説明していることから正解は(A) の「店員」である。後半で２人はジャケットの色の相談をしているが、デザインを考えているわけではないので (B) A designer を選択しないよう注意。

42. 正解：(B)　☆☆

解説 男性の２箇所の発言から答えがわかる。前半の発言で「このジャケットを誕生日のプレゼントにもらった」と言っており、後半では「この茶色のジャケットよりも小麦色のものがいいです」と言っている。したがってプレゼントとして受け取ったのは (B) の茶色いジャケットだと分かる。

43. 正解：(D)　☆☆

解説 男性が後半に自分の選びたいジャケットの好みを示した後、女性が様々な色とサイズを勧め、最後の発言で「好みのジャケットが見つかったら教えてください」と言っている。したがって男性はこれからジャケットを選ぶことが推測される。正解は (D) の「商品を探す」である。

スクリプト

M: Excuse me, I would like to return this leather jacket. I received this as a birthday present yesterday but it is a bit tight.

W: I am very sorry for the inconvenience, sir. But we cannot accept the return of any item unless it is damaged. We can only make an exchange in your case.

M: That's fine. I think I would rather have a tan jacket than this brown one in a larger size.

W: Thank you, sir. The tan ones are over there in a variety of sizes. We also have dark brown, black and red in stock. Feel free to try them on for size. Let me know if you find anything you want, and we can make the exchange.

スクリプトの訳

男性： すみません。このレザーのジャケットを返品したいのです。昨日、誕生日プレゼントにいただいたものですが、少しきついのです。

女性： お手間をおかけして申し訳ありません。不良品以外のご返品はご遠慮いただいております。こちらのケースですと商品の交換でしたら承りますが。

男性： それで大丈夫です。この茶色いものよりも少し大きいサイズの小麦色が欲しいのです。

女性： ありがとうございます。この小麦色ですと向こうの方に沢山のサイズをご用意しております。濃い茶色、ブラック、赤が在庫としてございます。ご自由にご試着してサイズをご確認ください。ご希望の品が見つかりましたら交換いたしましょう。

設問・選択肢の訳

41. この女性はおそらく誰だと考えられますか。
(A) 店のアシスタント
(B) デザイナー
(C) 銀行の行員
(D) 会計士

42. 男性はどの色をプレゼントに受け取りましたか。
(A) 小麦色
(B) 茶色
(C) 黒
(D) 赤

43. 男性は次におそらく何をしますか。
(A) 贈り物を受け取る
(B) 傷みのある箇所を確認する
(C) 予定を確認する
(D) 商品を選ぶ

ボキャブラリー

□ **leather** 名 皮革
□ **tight** 形 きつい
□ **inconvenience** 名 不便
□ **unless** 接 ～でない限り
□ **damaged** 形 傷物の
□ **tan** 名 小麦色
□ **variety** 名 多様さ
□ **designer** 名 デザイナー
□ **accountant** 名 会計士
□ **observe** 他 観察する
□ **select** 他 選ぶ
□ **item** 名 商品

Questions 44-46

加 ▶ 豪 ▶CD-2 2

44. 正解：(B) ☆

解説 女性の「顔色が良くないようだけど、大丈夫?」との質問に対し、男性は前半の発言で「先月健康診断を受けた」こと、そして「精密検査の結果を待っている」と言っている。したがって、彼の心配事は (B) の「健康について」。

45. 正解：(C) ☆☆☆

解説 男性は最近2回、健康診断を受けている。1回目は最初の発言の2文目の I had a health check last month. より、「先月」。もう1回は3文目の I am now waiting for ～ examination I had received yesterday. より、「昨日」であることが分かる。したがって、2回目の検査を受けたのは (C) の「昨日」が正解である。

46. 正解：(A) ☆☆

解説 男性は最後の発言で「何があっても前向きになるべきだ」と言っている。したがって (A) が正解。

スクリプト

W: Good morning, Larry. You look pale. Is something bothering you?

M: Thank you for asking. Actually, I had a health check last month. I am now waiting for the results of the follow-up examination I had yesterday.

W: Oh, I'm sorry to hear that. I hope you get good results.

M: I should really take better care of myself. No matter what happens I must be positive.

スクリプトの訳

女性： ラリー、顔色が良くないようだけど、何か悩みでもあるの？

男性： 心配してくれてありがとう。実は先月、健康診断を受けたんだ。昨日受けた精密検査の結果を待っているところだよ。

女性： それは大変ね。いい結果がでますように。

男性： もう少し自分の健康を気にかけないといけないね。それに何があっても前向きでいることが大事だね。

設問・選択肢の訳

44. 男性の心配事は何ですか。

(A) 彼の仕事について
(B) 彼の健康について
(C) 彼の結婚生活について
(D) 彼の給付について

45. 彼は2回目の検診をいつ受けましたか。

(A) 14日前
(B) 先月
(C) 昨日
(D) 今朝

46. 男性はその問題にどのように対応しようとしていますか。

(A) 前向きに対処する
(B) 妻に任せる
(C) 画面をつける
(D) 問題に目を向けない

ボキャブラリー

- □ **pale** 形 青白い
- □ **bother** 他 悩ます
- □ **health check** 健康診断
- □ **medical report** 診断書
- □ **tumor** 名 腫瘍
- □ **intestine** 名 腸
- □ **follow-up** 追加の
- □ **examination** 名 検査
- □ **positive** 形 積極的な
- □ **concern** 名 懸念
- □ **monitor** 名 モニター画面
- □ **ignore** 他 無視する

Questions 47-49

加 ▶ 米 ▶CD-2 3

47. 正解：(A) ☆☆

解説 女性がコピー機が使えるかどうか聞いているのに対して、男性が前半の発言でコピー機が使えることと、その使用方法について答えている。女性の後半の発言で「私は7階にある部署で働いています」と言っていることから、この会話は2人が働いているビルで行われていると分かる。したがって (A) オフィスビルが正解である。

48. 正解：(D) ☆☆

解説 女性の後半の発言、3文目に Last night we had a blackout とあり、blackout「停電」の意味が分かるかどうかがポイント。選択肢はそれぞれ tectonic activity「地殻活動」、crackdown「警察の取り締まり」、power failure「停電」の意味。したがって正解は (D) power failure である。

49. 正解：(B) ☆☆

解説 現在、2人が話をしているのはコピー機の前であることは前半の会話から分かっている。また女性が後半の発言1文目に自分は7階で働いていること、4文目に（7階のコピー機が使えないので）ここ2階に来ていることを述べている。したがってコピー機のあるフロアは (B) 2階が正解である。

スクリプト

W: Excuse me, are you going to use this photocopier?

M: No, that one isn't taken. You'll need to scan your staff ID and then use it as you'd normally do. Your department will be charged at the end of the month. By the way, is it your first time here?

W: Yes, I'm working in the business department on the seventh floor. My name is Sara. Last night we had a blackout, and 4 of our machines have not been working since then. That is why I came down here to the second floor.

M: No wonder I've seen so many sales staff members making copies here this morning.

スクリプトの訳

女性： すみませんが、このコピー機を使いますか？

男性： いいえ、そのコピー機は空いています。従業員カードをスキャンすればいつものように使えますよ。あなたの部署が月末に料金を支払うことになっています。ところでここに来るのは初めてですか？

女性： そうです。7階の業務部に勤務している、サラと言います。昨晩、停電がありましてそのときから業務部の機械が4台動かなくなりました。だからここ、2階に来ているのです。

男性： だから今朝から、多くの販売部のスタッフたちがここでコピーをしていたのですね。

設問・選択肢の訳

47. この会話はどこで行われていると考えられますか。

(A) オフィスビル
(B) 百貨店
(C) 営業会議
(D) ホテルのラウンジ

48. 昨晩何がありましたか。

(A) 社員旅行
(B) 地殻活動
(C) 取り締まり
(D) 停電

49. コピー機のある部署はどこですか。

(A) 1階
(B) 2階
(C) 4階
(D) 7階

ボキャブラリー

□ **photocopier** 名 コピー機
□ **scan** 他 読み込む
□ **normally** 副 いつも
□ **charge** 他 請求する
□ **business department** 業務部
□ **blackout** 名 停電
□ **wonder** 自 不思議に思う
□ **tectonic activity** 地殻活動
□ **crackdown** 名 取り締まり
□ **power failure** 停電

Questions 50-52

豪 ▶ 英　▶CD-2 4

50. 正解：(A)　☆☆

解説 男性の前半の発言からは男性がフィッシャー氏と話すために電話をかけたことがわかるが、「フィッシャー氏と話すため」という選択肢はない。話したい内容は後半の発言がI'm calling to inform you 〜で始まっているので、(A)「情報を与える」が正解。

51. 正解：(B)　☆☆☆

解説 男性の後半の発言、1文目に「御社担当のベル氏が病気にかかったことをお知らせするために電話をしました」とある。come down with 〜は「(病気に) かかる」の意のイディオム。続く2文目でも「回復までに少なくとも2か月はかかります」と言っているので「病気にかかっているから」の意の (B) が正解となる。

52. 正解：(C)　☆

解説 女性の後半の発言の3文目で「オフィスに来る時間はありますか?」と言って仕事の確認をしたい旨を伝えている。したがって正解は「彼女の職場を訪れる」の意の (C) である。

スクリプト

M: Hello, This is James Collins from Trade wind Advertisement. May I speak to Ms. Fisher?

W: This is she. How may I help you, Mr. Collins?

M: I'm calling to inform you that Ms. Bell, the person in charge of handling matters with your company, has come down with a serious illness. She will have at least 2 months off to recover, so in this time I will be filling in for her.

W: Oh my goodness, I hope she will be alright. Please give her my best wishes. Do you by any chance have the time to come and visit our office? I would like to meet you and discuss our specifics.

スクリプトの訳

男性： こんにちは。こちらはトレードウインド広告のジェームス・コリンズです。フィッシャー氏と話ができますか？

女性： 私です。コリンズ様、どうなさいましたか？

男性： お電話してお伝えしたかったのが、御社に係わる業務の担当をしておりましたベル氏がひどく体調を崩しました。彼女は少なくとも回復に2か月はかかるとのことですので、今回は私が彼女の代役を務めることになりました。

女性： 大変ですね。彼女が良くなればいいですね。どうぞよろしくお伝えください。ところでひょっとしたらお近くにいらしてこちらの事務所に来ていただくことはできますか？　できればお会いして詳細についてお話ししたいと思います。

設問・選択肢の訳

50. 男性の電話の目的は何ですか。
- **(A) 情報を伝えるため**
- (B) 予約を確認するため
- (C) 彼女に休みを与えるため
- (D) 手紙を運ぶため

51. なぜベル氏は女性のところをしばらく訪れないのですか。
- (A) 彼女は親戚の世話をするから。
- **(B) 彼女は病気だから。**
- (C) 彼女は商用で出かけるから。
- (D) 彼女はもっと広告について学びたいから。

52. 女性は男性に次に何をするように勧めていますか。
- (A) リーダーになるチャンスを活かす
- (B) 申請書に記入する
- **(C) 彼女の職場を訪れる**
- (D) ベル氏の状況を聞く

ボキャブラリー

□ **inform** 他 知らせる
□ **come down with** 病気にかかる
□ **serious** 形 深刻な
□ **fill in for** 代役を務める
□ **by any chance** ひょっとして
□ **convey** 他 伝える
□ **medical** 形 医用の
□ **advertisement** 名 広告
□ **request form** 名 申請書

Questions 53-55

豪 ▶ 英　CD-2 5

53. 正解：(A)　☆

解説 男性が前半で「ようこそ面接にお越しいただきました」とはっきりと述べており、相手に自己紹介をするように促している。したがって男性は (A) の面接官である。

54. 正解：(D)　☆☆

解説 男性が後半の発言で Kenny is ～と言っているので、この後を聞き取ることがポイント。Kenny is highly respected and famous for its high wages. とある。wage は「賃金」の意であり、これを言い換えた (D) が正解。

55. 正解：(B)　☆☆☆

解説 女性が後半の発言の3文目に「ケニーを辞職したのは家族と時間を過ごしたかったから」そして、4文目に「御社でパートタイマーで化粧品を扱うのは楽しそうだ」と言っている。したがって (B) が正解。(C)「給与の良い仕事」(D)「名声の高い仕事」は、もっともらしい理由であるが、女性はすでにケニークリニックで高収入で名声のある仕事は経験済みである。

スクリプト

M: Please come in and take a seat, Ms. Santos. Thank you for coming in for the interview today. So, could you tell me about yourself?

W: Yes, I graduated from New York medical college and I majored in pharmacy. I passed the national examination for pharmacists four years ago. After this I joined Kenny clinic.

M: Why did you leave Kenny? As you know, Kenny is highly respected and famous for its high wages.

W: Yes, I was well paid there. But the work at the clinic was very demanding. I left Kenny, because I wanted to have more time with my family. So I'm applying for this part-time pharmacist position this time because working on cosmetics and toiletries at your company seems very relaxing and enjoyable.

スクリプトの訳

男性： サントスさん、どうぞお入りになってお掛け下さい。面接にようこそお越しくださいました。では、あなたのことについて少しお話しいただけますか？

女性： はい。私はニューヨーク医科大学を卒業しており、薬学を専攻しました。4年前に薬剤師国家試験に合格し、その後にケニークリニックで働いております。

男性： 何故ケニーを退職されたのですか？　ご存知のとおり、ケニーはとても名声があり、その賃金の高さでも有名です。

女性： はい、実際沢山のお給料をいただいておりました。しかし、ケニーで働くことはとても大変でした。もっと家族と過ごす時間が必要だったのでケニーを退職しました。この薬剤師のパートタイマーの仕事に応募したのは御社で健康器具や化粧品を扱うことはとてもリラックスできて楽しめると思ったからです。

設問・選択肢の訳

53. 男性は誰だと考えられますか。
(A) 面接官
(B) セールスマン
(C) 医師
(D) 技術者

54. ケニークリニックはどうして有名なのですか。
(A) 経験豊富な従業員
(B) 医療設備
(C) 良い立地条件
(D) 給与の額

55. 女性は今回はどのような仕事に就きたいと考えていますか。
(A) 満足できる仕事
(B) 楽しめる仕事
(C) 給与の良い仕事
(D) 名声のある仕事

ボキャブラリー

□ **interview** 名 面接
□ **graduate** 自 卒業する
□ **medical college** 医科大学
□ **pharmacy** 名 薬学
□ **national examination** 国家試験
□ **clinic** 診療所
□ **wage** 名 賃金
□ **pharmacist** 名 薬剤師
□ **cosmetics** 名 化粧品
□ **toiletries** 名 洗面用品
□ **representative** 名 セールスマン
□ **engineer** 名 技師
□ **equipment** 名 機器
□ **high-income** 高所得の

Questions 56-58

加 ▶ 米　▶CD-2 6

56. 正解：(A)　☆☆

解説 女性は最初に「名刺のサンプル」に触れ、前半の2文目で男性に「選ぶのに時間がありますか?」と聞いている。つまり女性は男性に名刺を選んでもらおうとしている。正解は (A) To choose a card design である。

57. 正解：(C)　☆☆

解説 男性が前半の発言中に名刺を選んでおり、赤い色が気に入ったようであるが、「保険会社のマネージャーとしては派手すぎませんか?」と言っている。「保険会社」というのは現在の男性の勤務先だと考えられるので (C) が正解。出張の話や印刷の話をしているが (A) tourism、(B) printing と誤答しないよう注意。

58. 正解：(C)　☆☆

解説 男性が後半で「金曜日までに名刺が届くように」と言っているが、ここで急いで (B) next Friday を選んではいけない。続いて I would like to use them during my business trip next Saturday. とあるので出張は来週の土曜日であることが分かり、正解は (C) Next weekend となる。

スクリプト

W: Henry, they've sent us several samples of your new business cards. Do you have the time now to select the one you like?

M: Oh, good. I was looking forward to seeing them. Hmm... I like this red one best. But don't you think it's a bit too flashy for a manager of an insurance company?

W: No, I don't. I like the color, too. They said this red is popular among young business people. Shall I order this type for you?

M: Yes, oh could you order them in matt finish and have them delivered by Friday? I would like to use them during my business trip next Saturday.

スクリプトの訳

女性： ヘンリーさん、業者が新しい名刺のデザインのサンプルをいくつか送ってきました。少しお好きなタイプを選ぶのに時間が取れますか？

男性： ああ、いいですね。見るのを楽しみにしていましたよ。うん。この赤いのが一番いいけれど、保険会社の管理職としては少し派手すぎませんか？

女性： いいえ、私もこの色が好きです。この赤は若いビジネスマンの間でよく使われているようですよ。このパターンで注文しましょうか？

男性： そうですね。来週の金曜までにこのつや消し版が届くように注文しておいてくれますか？　来週土曜日の出張のときに使いたいんですよ。

設問・選択肢の訳

56. 女性は男性に何を頼んでいますか。
(A) カードのデザインを選ぶ
(B) サンプルを送る
(C) パートナーを見つける
(D) 出張の計画を立てる

57. 2人はどんな業界で働いていますか。
(A) 旅行会社
(B) 印刷会社
(C) 保険業者
(D) 繊維業界

58. 男性はいつ出張に出ますか。
(A) 今週末
(B) 来週の金曜日
(C) 来週の週末
(D) 来月

ボキャブラリー

- □ **sample** 名 見本
- □ **business card** 名刺
- □ **flashy** 形 派手な
- □ **insurance** 名 保険業
- □ **matt** 形 つや消しの
- □ **finish** 名 仕上げ
- □ **deliver** 他 配達する
- □ **business trip** 出張
- □ **tourism** 名 旅行業
- □ **printing** 名 印刷業
- □ **textiles** 名 繊維業界

Questions 59-61

豪 ▶ 英 ▶CD-2 7

59. 正解：(A) ☆☆

解説 最初の発言で男性が「私のレストランで使っているコーヒーメーカーのフィルターが欲しい」と言っており、男性はレストラン業界に勤務していると分かる。したがって(A) が正解。

60. 正解：(B) ☆☆

解説 男性は後半に「ドール社のコーヒーメーカー DCCM-07 を探して欲しい」と言っている。しかし欲しいものはコーヒーメーカーではなく、最初の発言で「フィルターを探している」と言っていたところから、自社のコーヒーメーカーに対応するフィルターであることが会話から分かる。正解は (B)「フィルター紙」である。

61. 正解：(D) ☆☆

解説 男性が探しているフィルターのコーヒーメーカーの機種を伝えたことを受けて、女性が後半に「そのモデルはもう生産されておりません」と言っている。したがって (D) が正解。out-of-date は「時代遅れ」の意。

スクリプト

M: I am looking for filter paper for the percolator that my restaurant uses. I checked your web site and found out that you deal in industrial coffee makers, replacement parts and accessories.

W: Yes, that is correct sir. Do you happen to know the make and model of your machine?

M: Yes I do. It's a Doll Coffee percolator, model number DCCM-07. Could you find some?

W: Oh, that model is no longer in production. But you don't have to worry, The Doll Coffee filters are all the same size for Doll Coffee restaurant percolators. Please give me a moment, I will find the item you are looking for and see if we have any stock.

スクリプトの訳

男性： レストランで使う濾過式コーヒーメーカーのフィルター紙を探しています。御社のホームページを見て業務用のコーヒーメーカーと交換パーツや付属品を扱っていると知りました。

女性： お客様、その通りでございます。恐れ入りますが、お使いのメーカーと型式をお分かりになりますか？

男性： はい。ドール社のコーヒーメーカーで品番が DCCN-07 です。探してもらえますか？

女性： そうですか。そのモデルはもう生産されておりませんが、ご心配ありません。ドール社のフィルターは業務用のコーヒーメーカーのものはどれも同じです。少々お待ち下さい。お探しの品を見つけて在庫を見てまいります。

設問・選択肢の訳

59. 男性はどのような会社で働いていますか。

(A) レストラン業界
(B) コンピュータ会社
(C) 建設会社
(D) モデル斡旋事務所

60. 男性は女性に何をお願いしていますか。

(A) 在庫を彼に報告する
(B) フィルター紙を見つける
(C) 彼女に時計を渡す
(D) ホームページを立ち上げる

61. 男性のコーヒーメーカーについて何が述べられていますか。

(A) 最新の発明である。
(B) 新聞で広告されている。
(C) 小さいモデルである。
(D) 旧式のモデルである。

ボキャブラリー

□ **filter** 名 フィルター
□ **percolator** 名 濾過式コーヒーメーカー
□ **industrial** 形 工業用の
□ **replacement parts** 交換パーツ
□ **accessories** 名 付属品
□ **make** 名 製造元
□ **stock** 名 在庫
□ **construction firm** 建設会社
□ **inventory** 名 在庫
□ **invention** 名 発明品
□ **out-of-date** 時代遅れ

Questions 62-64

米 ▶ 英　▶CD-2 8

62. 正解：(C)　☆

解説 男性の発言の3文目に Scott is usually late for school. とある。「いつも遅れてくる」を言い換えた (C) が正解。unpunctual は punctual「時間厳守の」の反対語で「時間を守らない」の意である。

63. 正解：(B)　☆☆

解説 会話全体から推測する。男性が前半の発言で、女性の息子がいつも学校に遅刻することについて注意をしている。また女性も前半に学校の始業時間などを男性に詳しく聞いていることから男性が学校側の指導者、つまり (B) が正解だと分かる。

64. 正解：(B)　☆☆

解説 数字や時刻を問う問題は正解以外の選択肢と同じ数字も会話中に含まれる場合が多い。何を表す時刻が問われているのかあらかじめ区別しておこう。ここでは自習時間の始まる時間が聞かれている。男性の後半の発言、2文目で There is a private study hour at 8:30. と言っている。したがって (B) が正解。

スクリプト

M: Thank you for coming in, Mrs. Brown. I would like to talk about your son. Scott is usually late for school. He usually arrives at 9 o'clock. As you know the school day starts at 8:20 every day.

W: I thought he is always a little bit late. But I didn't know the exact starting time. I thought, according to his class schedule, that the first period starts at 8:50, doesn't it?

M: Yes, that's correct. But there is a private study hour at 8:30. And all elementary students are required to be at this class by 8:20.

W: Oh, that's news to me. In that case, I'll make sure he is up 40 minutes earlier.

スクリプトの訳

男性： お越しいただいてありがとうございます。ブラウンさん。息子さんのことについてお話ししたいのです。スコットはいつも学校に遅刻してきます。たいていは9時に登校しています。ご存知のように学校は毎日8時20分に始まるのですが。

女性： 彼はいつも少しだけ遅いんじゃないかと思っていました。でも実際の始業時間は知りませんでした。彼のクラス時間割によると、1時間目は8時50分に始まりますよね？

男性： はい、その通り。でも自習時間が8時30分にあって、すべての小学生は8時20分までに学校に着くように言われています。

女性： あら、それは知りませんでした。それなら彼をあと40分早く起こすことにしましょう。

設問・選択肢の訳

62. 何が問題になっていますか。
(A) 彼女が朝礼に反対していること。
(B) 規則が厳しすぎること。
(C) 生徒がいつも時間を守らないこと。
(D) 目覚まし時計が壊れていること。

63. 男性は誰だと思われますか。
(A) 警官
(B) 校長
(C) 会計士
(D) 警備員

64. 自習時間は何時に始まりますか。
(A) 8時20分
(B) 8時30分
(C) 8時40分
(D) 8時50分

ボキャブラリー

- □ **private-study hour** 自習時間
- □ **late** 形 遅れて
- □ **exact** 形 正確な
- □ **period** 名 時限
- □ **elementary** 形 初等の
- □ **oppose** 他 反対する
- □ **gathering** 名 集会
- □ **unpunctual** 形 時間通りでない
- □ **principal** 名 校長
- □ **security guard** 警備員

Questions 65-67

加 ▶ 豪　▶CD-2 9

65. 正解：(D) ☆☆

解説 女性は前半にフレッドの新しいスポーツカーや、彼が最近購入したマンションについて触れている。ここで早とちりして (A) や (B) を選択しないように。3文目に「フレッドは最近贅沢な生活をしているわよね？」と話している事から、主な話題は「フレッドの経済状況について」であり、(D) が正解である。

66. 正解：(A) ☆☆☆

解説 男性が前半の２文目に「フレッドがマンションを買ったときに、どうして余裕があったか聞いた」と言っており、その後で理由と思われる「株で大儲けした」と言っている。したがって (A) が正解。make a killing は「大儲けする」の意。

67. 正解：(A) ☆

解説 男性が後半の発言の２文目に「今からフレッドの家に行ってみよう」と女性に提案していることから、彼らが次にすると思われるのは (A) の「フレッドの部屋に行く」である。

スクリプト

W: Hi, Ben, did you see that Fred was driving a new sports car? And he's just moved to luxury apartment building. He's sure has a luxurious lifestyle lately doesn't he?

M: Oh, yes! When he bought the condominium, I asked him how he was able to afford it. Surprisingly, He told me that he had made a killing on the stock market.

W: You are kidding! I learned stock investment from him 2 years ago. At that time, the value of his portfolio was 40 percent lower than the acquisition value. I would never have imagined that he would make money on the market.

M: Me, either. Now, why don't we visit Fred and see what's what. We can also ask him which stocks look promising nowadays?

スクリプトの訳

女性： こんにちは、ベン。フレッドが新しいスポーツカーを運転しているのを見た？それに彼は最近新しいマンションに引越しをしたみたいだわ。彼は最近、とっても贅沢な暮らしをしているようだと思わない？

男性： そうだね！　そのマンションを買ったときにどうしてそんな余裕があるのか聞いてみたんだ。そしたら何と、株で大きく当てたらしいよ。

女性： すごいわ！　私は彼から２年前に株式市場について教えてもらったんだけど、そのときには彼の保有株式の評価金額は取得金額よりも40％も低かったみたいよ。彼が株式でそんなに儲けるとは全く想像していなかったわ。

男性： 僕も考えていなかったよ。フレッドのところにいって、何がどうなっているか確認してみないかい？　それに最近はどの銘柄が有望かを聞くことができるだろうしね。

設問・選択肢の訳

65. 2人は主に何について話していますか。
(A) マンション購入
(B) 運転免許取得
(C) 女性の婚約
(D) 友人の経済状況

66. フレッドはなぜ贅沢な生活をしているのですか。
(A) 株で利益を得たから。
(B) 食料品店で昇進したから。
(C) スーパーマーケットを買収したから。
(D) 宝くじを当てたから。

67. 彼らは次にどこに行く予定ですか。
(A) フレッドの部屋
(B) セミナー
(C) 住宅展示場
(D) ブローカー事務所

ボキャブラリー

□ **luxury** 形 贅沢な
□ **condominium** 名 分譲マンション
□ **make a killing** 大儲けする
□ **stock market** 株式市場
□ **portfolio** 名 ポートフォーリオ
□ **acquisition** 名 取得
□ **value** 名 価値
□ **promising** 形 有望である
□ **engagement** 名 婚約
□ **grocery store** 食料雑貨店
□ **lottery** 名 宝くじ
□ **seminar** 名 セミナー
□ **brokerage** 名 仲介業

Questions 68-70

英 ▶ 米 ▶CD-2 10

68. 正解：(C) ☆☆

解説 女性が最初の発言で Alex, are you ready for the monthly meeting? と言っている。monthly は「月に1回の」の意味なので、正解は (C) だと分かる。他の選択肢への目立ったトラップがないので確実に正解しておきたい。

69. 正解：(A) ☆☆☆

解説 agenda は「議事日程」の意。女性が前半に明日のミーティングには「人物考査のレポートをまとめておく」ことが必要であることと、「10月の人事異動について話し合う予定」だということを男性に確認のため伝えている。明日の議題に含まれるのは人事に関することだと考えられるので (A) が正解である。

70. 正解：(B) ☆☆☆

解説 女性が後半の発言の3文目に「彼は人と話をしないし、おとなしい」と言っている。これに最も近い選択肢は (B)「彼はシャイである」で、これが正解。(C) は会話文中の nerve が用いてあるが、He has a nerve では「彼は勇気がある」となり、彼の特徴とは逆の意味である。

スクリプト

W: Alex, are you ready for the monthly meeting? The vice-president told us that we'd have to summarize personnel records in each division. And we'll discuss major personnel changes planned for October.

M: Thank you for your memo. I've got all the files together. Most of them are good but I have no option but to submit a critical evaluation of Tim, the new staff member.

W: Oh, I know Tim. I met him on a study trip for new staff. He is kind of uncommunicative and very quiet. I guess he is uncomfortable with new people.

M: You're right. He doesn't mean it. But his reserved nature sometimes gets on the other's nerves. I'd better include that in my report for tomorrow's meeting.

スクリプトの訳

女性： アレックス、今月の会議の準備はできている？　副社長は人物考査に関するレポートをそれぞれの部署でまとめておくように言っていたわよ。10月に予定されている大幅な人事異動について話し合うようだわ。

男性： 教えてくれてありがとう。全部のファイルは集めたよ。どのメンバーも大体いい人物だけれど、新人のティムに関しては残念ながら少し批判的な報告をせざるを得ないんだ。

女性： あら、ティムなら知っているわ。新入社員の研修旅行で一緒だったわ。彼はあまり人と話をしないし、おとなしいタイプね。新しい人々と一緒にいるのが苦手なのではないかしら？

男性： そうなんだよ。彼はそんなつもりはないと思うんだけど、彼のおとなしい性格がたまに他の人の気に障るらしいんだ。明日の会議にはそれについても少し触れておいた方がよさそうだね。

設問・選択肢の訳

68. ミーティングはどのような頻度で行われていますか？
(A) 毎日
(B) 毎週
(C) 毎月
(D) 3か月毎

69. 明日の会議日程には何が含まれていると思われますか？
(A) 人事管理
(B) メディア調査
(C) 報告書の制作方法
(D) 従業員の健康診断

70. ティムの特徴についてどのように述べられていますか？
(A) 恐ろしい。
(B) 内気である。
(C) 勇気がある。
(D) 食べ物にうるさい。

ボキャブラリー

□ **vice-president** 名 副社長
□ **summarize** 他 要約する
□ **personnel** 形 人事の
□ **division** 名 部署
□ **critical** 形 批判的な
□ **evaluation** 名 評価
□ **uncommunicative** 形 話したがらない
□ **comfortable** 形 居心地の良い
□ **reserved** 形 遠慮がちな
□ **nature** 名 性質
□ **get on nerves** 神経にさわる
□ **quarterly** 形 年４回
□ **agenda** 名 議事日程
□ **administration** 名 管理
□ **research** 名 調査
□ **horrible** 形 ひどい

Question 71-73

加 ▶CD-2 11

71. 正解：(A) ☆☆☆

解説 話し手は冒頭で自分の名前を述べた後、２文目に「マンションの部屋の申し込みがオンラインでできるかどうか知りたい」と言っている。ここで答えが(A)だとほぼ断定。確認のため、９文目ではI'd like to find out what sort of documents ～? 10文目ではCould someone please answer these questions ～?とあり「情報が欲しい」つまり(A) To get informationが正解と確定できる。

72. 正解：(A) ☆☆☆

解説 ５文目にI'm most interested in the Lenard Street Towers ～と出てくるので、ここで次に集中する。続いて～ they just began doing business a couple of days ago. とあるので「最近業務を開始した」を言い換えた(A) It recently began operating. が正解である。

73. 正解：(D) ☆☆

解説 最後の11文目「電話ではつながりにくいので」のあとにI suggest ～とあり、この後に話し手が勧めている内容が述べられている。「メールを送ってくださることを勧めます」とあるので(D) Contact her by e-mailが正解。

スクリプト

Questions 71 through 73 refer to the following telephone message.

Hello, this is Ursula Harrison. I'd like to know if I could apply online for a room at one of your apartment complexes. I visited your web site but couldn't see any part of it that would have allowed me to do that. Perhaps I have to come in to one of your offices. I'm most interested in the Lenard Street Towers. They just started doing business a couple of days ago. I took a virtual tour of the building and the interior designs and amenities look very appealing. Also, it's downtown, so living there would really shorten my daily work commute. If I do have to come in, I'd like to find out what sort of documents I'd have to bring with me, apart from my driver's license or other photo ID. Could someone please answer these questions as soon as possible? It may be hard to reach me by phone so I suggest e-mailing me at ursula91@inzipmail.com.

スクリプトの訳

設問 71 ～ 73 は次の電話に関するものです。

こんにちは、私はアーシュラ・ハリソンといいます。御社のマンション情報にあった部屋の申し込みをオンラインでできるかどうか知りたいのです。ホームページを見たのですが、それが可能なページが全く見当たりませんでした。多分御社のどこかの店舗を訪れるべきなのだと思います。私が興味を持っているのは、おそらく数日前から営業を始めたレナードストリートタワーズです。実際、その建物の展示会を訪れたところ、インテリアや設備がとても魅力的でした。それに、立地もダウンタウンにあるので、そこに住めば通勤時間が短くできると思います。もしそちらの店舗に行くべきなのだとしたら、運転免許書や他の写真付き証明書の他にどんな書類を準備して行ったらいいのか教えて下さい。できるだけどなたかより早めに返事をいただけますか？　私に電話をくださってもつながりにくいので、ursula91@inzipmail.com まで、メールを送ってくださる方をお勧めします。

設問・選択肢の訳

71. このメッセージの主な目的は何ですか。
(A) 情報を得ること
(B) アカウントの詳細を変更すること
(C) リクエストに応えること
(D) 配達のチェックをすること

72. レナードストリートタワーズに関して何が述べられていますか。
(A) 最近業務を開始した。
(B) ツアーのために登録が必要である。
(C) ダウンタウンから外れている。
(D) いくつかの主要な設備が欠けている。

73. 電話をかけた人は何を勧めていますか。
(A) 新しい写真を撮ること
(B) 提出された書類を見直すこと
(C) 彼女の電話に掛け直すこと
(D) メールで彼女に連絡を取ること

ボキャブラリー

□ **apply** 自 申し込む
□ **apartment complex** マンション
□ **allow** 他 ～するのを許す
□ **virtual** 形 実際の
□ **tour** 名 見学
□ **amenity** 名 設備
□ **appealing** 形 魅力的な
□ **driver's license** 運転免許書
□ **purpose** 名 目的
□ **account** 名 アカウント
□ **registration** 名 登録
□ **lack** 自 欠けている
□ **submit** 他 提出する

テスト 2

Question 74-76

米 ▶CD-2 12

74. 正解：(B) ☆

解説 冒頭で We are pleased to announce that と言っており、第9回年次音楽祭が開催される旨が発表されている。したがって (B) A performance event が正解。他の選択肢には music, concert などの音楽に関する用語や、contest のように「音楽祭」と似た意味の語が含まれ、誤答を誘っているので注意しよう。

75. 正解：(C) ☆☆

解説 1文目では音楽祭が開催されることと、その開催地についても触れられている。一文が長いが、Caldwell Park と聞こえた後にも集中力を保つようにしよう。～ at Fourth and Grand Street. とあり、続く2文目もコールドウェルパークの場所に関するSet by the waterfront で始まっている。したがって正解は (C) Its location である。

76. 正解：(D) ☆☆☆

解説 最後の7文目は Sorry, all sales are final. と言っている。final はここでは「変更不可能」の意味であり、チケットを一度購入したら払い戻しができないということになる。つまり (D) Refunds are not available. が正解となる。

スクリプト

Questions 74 through 76 refer to the following advertisement.

We are pleased to announce that the Ninth Annual Music Festival will be held from August 10 through August 20 in beautiful Caldwell Park, at Fourth and Grand Street. Set by the waterfront, this is one of the most pleasant and relaxing places in the entire town. Music lovers will be able to enjoy a beautiful natural environment as they listen to great musicians in a variety of genres. This is a chance to hear some of the most popular musicians and music groups, including Tracie Deaver, Jazz D-4 and the Block Jammer Band. Tickets are only 5 dollars and 75 cents per adult and 2 dollars and 50 cents for those 17 and under. You can purchase tickets at www.caldwellfest9.com. Sorry, all sales are final.

スクリプトの訳

設問 74 ～ 76 は次の広告に関するものです。

第４街区とグランドストリートの美しいコールドウェルパークにて第９回年次音楽祭が、８月10日から８月20日まで開催されます。水辺に位置しているこの公園は街全体においてもっとも快適でリラックスできる場所です。音楽好きなら、様々なジャンルの偉大なミュージシャンの演奏を聴きながら、自然環境を享受することができるでしょう。トレイシー・ディーバー、ジャズD－４、ブロック・ジャマーバンドなどの音楽家や音楽グループを聴くチャンスです。チケットは大人5.75ドル、17歳以下は2.50ドルです。チケットは www.caldwellfest9.com で購入できます。申し訳ありませんが、このチケット販売は後に変更できませんのでご了承ください。

設問・選択肢の訳

74. 主に何が広告されていますか。
(A) 新しい音楽のレコーディング
(B) 演奏イベント
(C) コンサートホール
(D) コンテスト

75. コールドウェルパークのどんな特徴が述べられていますか。
(A) 広さ
(B) 安全性
(C) 立地
(D) 人気度

76. 広告はどんな規制について述べていますか。
(A) 身分証明書がチケットと一緒に提示されるべきであること。
(B) 団体割引が適用されていないこと。
(C) 子供には大人の付き添いが必要であること。
(D) 払い戻しはしていないこと。

ボキャブラリー

☐ **waterfront** 名 水辺
☐ **pleasant** 形 心地の良い
☐ **entire** 形 全体の
☐ **natural environment** 自然環境
☐ **genre** 名 ジャンル
☐ **final** 形 変更不可能な
☐ **advertise** 他 広告する
☐ **event** 名 イベント
☐ **popularity** 名 人気
☐ **accompany** 他 つき添う
☐ **refund** 名 払い戻し

Question 77-79

英　▶CD-2 13

77. 正解：(A)　☆☆☆

解説 2文目に「私どもは世界2,000か所に迅速に、効率よく荷物を届けます」と言っている。荷物を届けることを録音メッセージの中で最初に紹介するような業種は選択肢の中では (A) A delivery company であり、これが正解である。

78. 正解：(B)　☆☆☆

解説 4文目は、長めの1文の最後に〜 section of our Web site at www.tvf 〜 . とあるので、この文の最初の内容をきちんと聞き取り、覚えていることができたかどうかがカギとなる。「荷物の引き取りや、速達などのオプションに関する質問はホームページをご覧ください」との内容の文なので正解は (B) To review options だと分かる。

79. 正解：(D)　☆☆☆

解説 6文目が To help us serve you faster, で始まっているので、設問を先に読んでおけば、容易に解答できるはず。続いて please have your customer account or package tracking number ready と聞こえるので、これを簡潔に言い換えた (D) By preparing some information が正解である。

スクリプト

Questions 77 through 79 refer to the following recorded message.

Thank you for calling TVF Corporation. We take packages quickly and efficiently to over 2,000 destinations around the world. To check on the status of a package, please press the pound key and then enter the package tracking number. You may find the answers to most customer questions, including package pickup and overnight express choices, by visiting the frequently asked question section of our web site at www.tvf333.net/faq/. To speak with a customer service representative, press zero and your call will be answered in the order in which it was received. To help us serve you faster, please have your customer account or package tracking number ready. Due to heavy call volumes, wait times currently average between 5 and 7 minutes. Stay on the line to hear this message repeat.

スクリプトの訳

設問 77 〜 79 は次の録音メッセージに関するものです。

TVFコーポレーションにお電話ありがとうございます。私どもは世界2,000か所に迅速に、効率よくお荷物をお届けします。お荷物の状況をご確認される場合はパウンドキーを押した後にお荷物追跡番号を入力して下さい。ホームページ上のwww.tvf333.net/faq/ のよくあるご質問のコーナーを検索すると、お荷物お引取りや、翌日配達の速達の選択肢などを含んだ、一般的なご質問へのお答えをご覧いただけます。カスタマーサービススタッフと直接お話になる場合はゼロを押してください。先着順にご質問にお答えします。できるだけ迅速に対応させていただくためにお客様番号もしくは、お荷物追跡番号をご準備になってお待ちください。なお、お問い合わせが多いため、現在お待ちいただく平均時間は５分から７分になっております。メッセージをもう一度聞きたい場合はこのままお待ちください。

設問・選択肢の訳

77. このメッセージを流しているのはどのような業種だと考えられますか。
(A) 運送会社
(B) 旅行代理店
(C) 不動産開発業者
(D) コンサルティング企業

78. 電話をかけてきた人はなぜホームページの案内をされているのですか。
(A) オンラインで支払いをするため
(B) オプションを見直すため
(C) 代表者に連絡をとるため
(D) 注文を取り付けるため

79. メッセージを聞いている人はどのようにすれば迅速に対応してもらえますか。
(A) クレジットカードの番号を使う
(B) 配達の少ない時間帯に電話をする
(C) 企業のパッケージを利用する
(D) いくつかの情報を準備しておく

ボキャブラリー

□ **efficiently** 副 効果的に
□ **destination** 名 目的地
□ **status** 名 状況
□ **pound key** シャープボタン
□ **tracking** 名 追跡
□ **volume** 名 量
□ **real estate** 不動産
□ **consulting** 形 コンサルティングの
□ **package** 名 荷物

Question 80-82

豪 ▶CD-2 14

80. 正解：(C) ☆☆☆

解説 冒頭でレストランの過去7年間の急速な成長について触れた後、2文目に業務が今まで2か国に限られてきたこと、3文目に今後の店舗拡大予定について述べている。したがって (C) Operational expansion が正解である。海外の店舗を増やす計画であるが、International の語から (A) と誤答しないように注意。

81. 正解：(D) ☆☆☆

解説 3文目に we plan to build outlets in ～と支店を建設することを述べており、続いて4文目に We have already set aside 475 million euros for this purpose. とあるので、店舗建設のために資金を準備していることが分かる。したがって正解は (D) To cover construction costs である。

82. 正解：(A) ☆☆☆

解説 5文目に「市場調査の結果、来年店舗を建設する国々では辛くて美味しいチキンの需要が高い」とあり、6文目には「このデータを先週火曜日に表計算ソフトで聞き手にメールした」とある。したがって火曜日に送られたものは補足のデータであり、(A) Supportive data が正解である。

スクリプト

Questions 80 through 82 refer to the following talk.

White Wings Chicken Restaurants have had very fast growth during the last 7 years. Yet, up to now our business has been confined to Slovenia and Slovakia. Next year, we plan to build outlets in France, Germany and Poland. We have already set aside 475 million euros for this purpose. We've also completed market research in these countries and its conclusions prove that we could capitalize on high demand for hot and tasty chicken among consumers in these nations. I e-mailed you this data on spreadsheets last Tuesday. The board of directors agree that this is the perfect time for this kind of move. Right now, I'm going to show you a few digital slides about the kind of sales we anticipate from this project.

スクリプトの訳

設問 80 ～ 82 は次のトークに関するものです。

ホワイトウイングスチキンレストランは過去7年間で急速な成長を遂げてきました。しかし、これまでのところ、わが社の業務はスロベニアとスロバキアに限られてきています。来年、我々はフランス、ドイツ、ポーランドにストアを建設する計画をたてています。この目的のためにすでに4億7,500万ユーロの準備がすでにできております。これらの国々に関して市場調査は完了しており、その結果、我々がこれらの国々の消費者からの辛みが強くて美味しいチキンへの高い需要をものにすることができると証明しています。このデータを皆さんに先週の火曜日に表計算ソフトでメールしています。重役会議では今がこのような動きをとるのに最良のときであると合意しています。では、この計画から期待される販売の方向性に関する2、3のデジタルスライドをお見せしましょう。

設問・選択肢の訳

80. この話は主に何についてですか。
(A) 海外への株式投資
(B) 農場の管理
(C) 営業の拡大
(D) 政治の変化

81. 話し手によると、なぜ資金が準備されていたのですか。
(A) 製品の質を改善するため
(B) 新役員の補償をするため
(C) 研究を実証するため
(D) 建設費用をまかなうため

82. 先週の火曜日に何が送られましたか。
(A) 補足のデータ資料
(B) ビジネス会議の結果
(C) チキンの箱
(D) デジタルスライド

ボキャブラリー

- □ **confine** 他 制限する
- □ **outlet** 名 販売店
- □ **set aside** 取っておく
- □ **spreadsheet** 名 表計算
- □ **slide** 名 スライド
- □ **anticipate** 他 予想する
- □ **stock investment** 株式投資
- □ **farm** 名 農場
- □ **compensate** 他 補償する
- □ **verify** 他 実証する
- □ **supportive** 形 補足の
- □ **container** 名 入れ物

Question 83-85

加 ▶CD-2 15

83. 正解：(B) ☆☆

解説 冒頭で「9月のミーティングにようこそ」とある。ここで急いで (A)September にマークしないよう注意。3文目で「社内の健康保険の方針が10月から変更になり、家族も保険の対象になる」と言っているので変更が行われるのは10月、つまり (B) In October が正解である。

84. 正解：(D) ☆☆☆

解説 4文目には「ご家族が病気、怪我にあったときに支払金額を受け取ることができる」とあり、5文目に There will be an extra fee of 178 dollars per month for this feature. と言っている。For this feature の this は前文の内容、つまり「ご家族が病気、怪我にあったときの補償拡大」を指しており、正解は (D) To expand coverage である。

85. 正解：(B) ☆

解説 7文目の Right now の次に話し手が冊子を配ることを言っている。したがってこれからすることは「冊子を配ること」。正解は (B) Materials will be distributed. となる。

スクリプト

Questions 83 through 85 refer to the following announcement.

Welcome to the September company-wide meeting. I'm happy to say that our company health insurance policy is going to be upgraded. From October, your immediate family members can also be covered by your work insurance. If they became ill or injured, they would receive the same payout for medical costs as you would. There will be an extra fee of 178 dollars per month for this feature. Remember that the enrollment period for coverage is once each quarter, so the next opportunity to enroll will be in November. Right now, I'm going to pass out booklets which describe this new program in detail. I suggest you take them home and consider whether the policy meets your family needs. You could also stop by the Human Resources office at any time to discuss this with me or one of my staff.

スクリプトの訳

設問 83 ～ 85 は次のアナウンスに関するものです。

9月の企業ミーティングにようこそ。わが社の健康保険方針はバージョンアップされることをご報告します。10月より近親の家族も労働保険に含まれることになります。ご家族の病気、怪我の場合にはあなたと同じように、そのご家族も支払金額を受け取ることができます。この機能のためには月々178ドルの追加料金が必要になります。覚えておいてください、この保証機能のための登録期間は毎四半期に一度しかありません。したがって次回の登録は11月になります。では、新しいプログラムの詳細に説明した冊子をお配りしましょう。こちらをお持ち帰りになってこの保証がご家族のニーズに合うかご検討ください。この件に関しては人事部のオフィスに私か他のスタッフがおりますのでいつでもお尋ねください。

設問・選択肢の訳

83. 変更はいつ行われますか。
(A) 9月
(B) 10月
(C) 11月
(D) 12月

84. なぜ追加料金が取られるのですか。
(A) 保険を早くキャンセルするから
(B) 医療資質が増加するから
(C) ソフトウェアをグレードアップするから
(D) 補償範囲を広げるから

85. 話し手は次に何があると言っていますか。
(A) 他の人物の話がある。
(B) 資料が分配される。
(C) 今日はオフィスを閉める。
(D) 質問を受け付ける。

ボキャブラリー

□ **health insurance** 健康保険
□ **policy** 名 方針
□ **immediate** 形 最も近い関係の
□ **payout** 名 支払
□ **coverage** 名 補償範囲
□ **booklet** 名 小冊子
□ **distribute** 他 分配する

Question 86-88

米 ▶CD-2 16

86 正解：(A) ☆☆

解説 1文目に「私が今から朝の店舗業務のステップを復習します」とある。したがって「業務のプロセス」の意である (A) Business processes が正解。新入社員について触れてはいるが、採用に関する話が主な話題ではないので (B) は不正解である。

87. 正解：(D) ☆☆☆

解説 日曜日の開店時刻について問われていることが先読みによって分かっている。したがって2文目の We open the doors to the public 〜と聞こえた時点で次に集中しよう。〜 at 9:00 on weekdays and at 10:00 A.M. on weekends とあるので「日曜日」が含まれる週末の開店時刻は10時、つまり (D) At 10:00 A.M. が正解である。

88. 正解：(B) ☆☆☆

解説 10文目は Remember that 〜で始まっているのでこの後に、聞き手が覚えておくべき内容が話されるはず。〜 you are responsible for those keys. If you lose them, notify management right away. したがって、聞き手が覚えておくべきと言われていることは「無くしたことを知らせること」の意の (B) Notify of a loss で、これが正解。

スクリプト

Questions 86 through 88 refer to the following excerpt from a meeting.

Since some of you are new here, I'm going to review the steps we go through in setting up the store for business in the morning. We open the doors to the public at 9:00 A.M. on weekdays and at 10:00 A.M. on weekends. Employees will be let in earlier than that to prepare for the day's operations. Only the manager or one of the assistant managers may unlock the store. He or she will turn off the alarm and let staff in at 8:30 A.M., so if you arrive earlier than that please wait for a while. After you enter, first wipe all the glass in the store, including the front windows. We want those nice and shiny for our customers. The sales staff will also be given display case keys before we open. With those, you'll be able to take jewelry out to show customers. Remember that you are responsible for those keys. If you lose them, notify management right away.

スクリプトの訳

設問 86 〜 88 は次のミーティングに関するものです。

皆さんの中には新人も含まれていますので、朝の店舗の立ち上げ方の手順を復習しましょう。お客様をお迎えするのに店を開けるのが平日は朝9時、週末は10時です。従業員は一日の業務の準備のため、それよりも早く仕事に就くことになっています。

マネージャーとアシスタントマネージャーのなかの一人だけが店のカギをかけることができます。カギを開けた者がアラームを解除し、8時30分にスタッフを入店させるのでそれよりも早く到着したらしばらくお待ちください。入店したら店のフロントガラスを含むガラスを全部拭いてください。お客様のために美しく、輝くようにしておきたいものです。販売スタッフは開店前に展示ケースのキーを渡されます。それを使うとお客様にご覧いただくときに宝石を取り出すことができます。くれぐれもカギは責任を持って管理してください。万が一紛失したら管理部に直ちに報告してください。

設問・選択肢の訳

86. 話し手は主に何について話し合っていますか。
(A) 業務の手順
(B) 従業員の採用
(C) 販売目標
(D) 市場活動

87. 店舗は日曜の何時に開店しますか。
(A) 午前8時30分
(B) 午前9時
(C) 午前9時30分
(D) 午前10時

88. 聞き手は何に関して念を押されていますか。
(A) カギを提出する
(B) 紛失について知らせる
(C) ショーケースを閉める
(D) 宝石をしまう

ボキャブラリー

□ **unlock** 他 開く
□ **alarm** 名 アラーム
□ **wipe** 他 拭く
□ **shiny** 形 輝く
□ **jewelry** 名 宝石
□ **recruit** 他 新たに採用する
□ **notify** 他 通知する

Question 89-91

豪 ▶CD-2 17

89. 正解：(C) ☆☆

解説 冒頭から音声メールの録音者は自分の名前と主な要件について述べている。1文目の後半に〜 calling about the June 17 purchasing committee meeting. とあり、要件は社内会議についてである。したがって (C) A company conference will be held. が正解。

90. 正解：(D) ☆☆☆

解説 5文目に I've been looking for a solution to this problem. と聞こえるので話し手が求めてきたものは「問題の解決法」だと分かる。これと同意の (D) An issue resolution が正解である。

91. 正解：(C) ☆☆☆

解説 1文目で社内会議の日程に触れていることや、3文目で会議内容について話し合う旨を相談していることから話し手は聞き手の同僚であることがすでに分かっている。8文目に「午後にあなたの部署を訪れるのでできたら話し合いましょう」とあるので、正解は (C) Visit one of his coworkers だと分かる。

スクリプト

Questions 89 through 91 refer to the following voicemail message.

Hi, Collette, this is Terrance Harvey calling about the June 17 purchasing committee meeting. I noticed on the revised agenda that there's nothing about inventory management. I wonder if we're going to have any extra time to discuss that. I think it's an important topic; we ran out of some of our most in-demand items 3 times last quarter. I've been looking for a solution to this problem and I may have found it in a software package, Selko, by Kanton Corporation. I was hoping to get approval from the committee to purchase that but I want your feedback first. I'm supposed to have lunch with the Human Resources director around 11:00 A.M. I'll stop by your department later this afternoon, and if you're in, we can discuss this further.

スクリプトの訳

設問 89 〜 91 は次の音声メールに関するものです。

こんにちは、コレット。テランス・ハービーです。6月17日の買い付け委員会の会議に関する連絡です。議事録の改訂版には在庫管理に関して何も記載されていないことが分かりました。それについて話し合う時間はありますか？　この話は重要で、それは前期には最も需要の高い商品を3回も切らしていたからです。解決策を探してきて、カントンコーポレーションのセルコというソフトウェアが解決方法かもしれません。委員会から購入の承認が欲しいと思っていたのですが、その前にあなたの意見が聞きたいです。今日の11時に人事部長とランチをとる予定になっています。そちらの部署にその後、午後に立ち寄りますので、もしいらっしゃったら、もう少し話し合いましょう。

設問・選択肢の訳

89. 6月17日に何が予定されていますか。
(A) 幹部が再編成される。
(B) 委員会メンバーが選出される。
(C) 会議が開催される。
(D) コピー機の購入。

90. 話し手は何を探してきましたか。
(A) 新しい在庫品の場所
(B) ソフトウェア管理者
(C) 紛失商品
(D) 問題の解決法

91. 話し手は午後に何をすると言っていますか。
(A) 計画のフィードバックを送る
(B) カントンコーポレーションに行く
(C) 同僚のオフィスを訪れる
(D) 人事部に志願する

ボキャブラリー

□ **purchase** 他 購入する
□ **committee** 名 委員会
□ **revise** 他 改訂する
□ **inventory** 名 在庫管理
□ **wonder** 他 ～かどうかと思う
□ **solution** 名 解決策
□ **feedback** 名 意見
□ **reorganize** 他 再編成する
□ **issue** 名 問題

Question 92-94

加　▶CD-2 18

92. 正解：(C)　☆☆

解説 2文目の後半にI'm calling back regarding ～とあるので、この後に話し手が電話をかけている理由が述べられている。電話をかけているのはオルソン氏が残した伝言に答えるためなので、正解は (C) He called the facility earlier. だと分かる。

93. 正解：(B)　☆☆☆

解説 話し手がオルソン氏に何らかの行動を求めている箇所は4文目である。1月27日の診察予定は本人が事前の電話で希望した2時ではなく、3時に変更して欲しいとのメッセージであるので、オルソン氏が頼まれていることは予約の変更、つまり (B) Reschedule an appointment が正解である。

94. 正解：(D)　☆☆☆

解説 Vincent の名前は5文目で初めて聞くことになる。My coworker Vincent has already tentatively put you in that time slot ～.「ヴィンセントは暫定的にその時間枠にあなたをスケジュールした」と言っている。選択肢 (D) の choose には「選ぶ」だけでなく、「決める」ことも含まれているので注意。したがって「時間を決めた」の意の (D) Chosen a time が正解である。

スクリプト

Questions 92 through 94 refer to the following telephone message.

Hello, Mr. Olson, it's Karen Denbowski from the Great Health Clinic. I understand that you are Doctor Patel's patient, and I'm calling back regarding a message you left on our after-hours service last night. You asked whether you could make an appointment for January 27 at 2:00 P.M. You could come in on that same date, but it would have to be at 3:00 P.M. because the clinic schedule is full prior to then. My coworker Vincent has already tentatively put you in that time slot, but we could change it if it's inconvenient for you. Please call us back as soon as possible to confirm things one way or the other. The number here is 413-946-2180. Thank you.

スクリプトの訳

設問 92 ～ 94 は次の電話メッセージに関するものです。

オルソン様、こちらはグレートヘルス医院のカレン・デンボウスキーと申します。ペイテル医師の患者様でいらっしゃいますね。オルソン様が昨日の営業時間後に残してくださった伝言にお答えしたく、お電話しております。1月27日の午後2時の診察予約が可能かどうかのご質問でしたが、その日時のご予約ですと午後3時より前は埋まっておりますので、3時にお越しいただくようになります。私の同僚スタッフのヴィンセントがあなたのご予約をその枠で暫定的にお取りしておりますが、ご都合が悪いようでしたら変更もできます。どちらにしても、できるだけ早くご確認のお電話を下さい。こちらの電話は 413-946-2180 です。では、失礼いたします。

設問・選択肢の訳

92. なぜオルソン氏にメッセージが残されたのですか。
(A) 営業時間後に医院に来たので。
(B) 間違ってメッセージを消去したから。
(C) この施設に前もって電話をしていたから。
(D) 担当の医師を変更したから。

93. オルソン氏は何をするように求められましたか。
(A) 別の医院を訪れること
(B) 予約を変更すること
(C) 診察券の番号を確認すること
(D) 電話を待つこと

94. ヴィンセントがすでにしたことは何ですか。
(A) 時間枠をキャンセルした
(B) 日程を変えた
(C) スケジュールをメールで知らせた
(D) 時間を選んだ

ボキャブラリー

☐ **clinic** 名 診療所
☐ **patient** 名 患者
☐ **prior** 形 前の
☐ **tentatively** 副 暫定的に
☐ **slot** 名 枠
☐ **inconvenient** 形 不都合である
☐ **confirm** 他 確認する
☐ **delete** 他 削除する

Question 95-97

米 ▶CD-2 19

95. 正解：(A) ☆☆☆

解説 冒頭から朝の気温の話をしているので、天気予報に関するラジオ放送だと分かる。1文目の最後は within the next few hours で終わっているので、この直前の音声を理解し、覚えているかどうかが解答のカギとなる。「あと数時間で28.1℃までの気温の上昇が見込まれます」と言っているので、(A) Increasing heat levels が正解。

96. 正解：(D) ☆☆☆

解説 Sandy Burke の名前は6文目に初めて出てくる。The office of Mayor Sandy Burke has issued ～と、名前の前に現職の肩書があるので、正解は (D) の A local official である。

97. 正解：(B) ☆☆

解説 放送中の次の話題が何であるかは、通常、最後の文を聞くと分かる可能性が高い。ここでも最後の10文目に Next, let's hear from Praktor Gasoline, used by millions of drivers every day. と言っており、次にはガソリン会社の宣伝が聞こえると分かる。したがって (B) A commercial が正解である。

スクリプト

Questions 95 through 97 refer to the following radio broadcast.

It's 27.9 degrees Celsius outside this morning; expect that to rise to 28.1 degrees within the next few hours. We're going to see similar weather for the next 2 days. A low pressure center is moving in from the west, though. Therefore, we can expect strong winds and rainstorms from Thursday morning through Friday evening. Water levels on the Winsor River may rise by up to 300 millimeters. The office of Mayor Sandy Burke has issued a statement that this poses no risk to residents, although her weather center is carefully monitoring the situation. Nevertheless, some schools and businesses have stated that they may close during this period. Rains are expected to continue through Saturday and Sunday, with temperatures cooling to around 24 degrees. We should finally get sunny skies again by Monday. Next, let's hear from our sponsor Praktor Gasoline, used by millions of drivers every day.

スクリプトの訳

設問 95-97 は次のラジオ放送に関するものです。

今朝の屋外の気温は27.9℃で、あと数時間で28.1℃まで上昇するでしょう。今後2日間は同じような天候が続く見込みです。しかし低気圧の中心は西側から移動してきています。したがって強風と暴風雨が木曜朝から金曜夜まで予想されます。ウィンザーリバーの水位は300ミリまで増加する恐れがあります。サンディー・バーク市長の議会が発行した声明によると、これによる住民への危険性はないが、気象センターでは状況を注意深く監視しているということです。それにもかかわらず、学校や企業ではこの期間、休校や休暇にすると発表しているところもあります。雨は土曜、日曜まで続くことが予想され、気温は24℃前後まで下がるでしょう。月曜にはようやく、また晴天が見込まれます。では次は1日何百万人というドライバーに利用されているプラクターガソリンについて聞いてみましょう。

設問・選択肢の訳

95. あと数時間はどんな天気が見込まれますか。

(A) 暑さが増す
(B) 強い暴風雨
(C) 高気圧
(D) 西風

96. サンディー・バーク氏は誰ですか。

(A) 広報部のスポークスマン
(B) 教師
(C) 気象学の専門家
(D) 地方の役員

97. 聞き手は次に何を聞きますか。

(A) 歌
(B) 宣伝
(C) 景気分析
(D) 交通情報

ボキャブラリー

- ☐ **rise** 他 昇る
- ☐ **within** 前 ～の範囲内
- ☐ **similar** 形 似ている
- ☐ **low pressure** 低気圧
- ☐ **rainstorm** 名 暴風雨
- ☐ **pose** 他 生む
- ☐ **resident** 名 居住者
- ☐ **nevertheless** 副 それにもかかわらず
- ☐ **high pressure** 高気圧
- ☐ **analysis** 名 分析

テスト2

Question 98-100

英　▶CD-2 20

98. 正解：(C)　☆☆☆

解説 話し手は冒頭で職業センターに来た人々に歓迎の意を示し、続く2文目で自己紹介をしている。話し手は研修のマネージャーであることが分かるので、Industrial training course manager を言い換えた A program executive が正解。

99. 正解：(D)　☆☆☆

解説 6文目に Robert is very enthusiastic about this part of the program because ～と聞こえるので、この後を集中して聞こう。ロバートが熱意を持っている理由は過去の参加者から多くの反応があったからである。したがって正解は (D) Feedback has been received。

100. 正解：(C)　☆☆☆

解説 聞き手が午後1時に行く予定の場所は最終文の9文目の When you return at 1:00 P.M. の後を聞くと分かる。We'll continue our program in the computer laboratory in our annex ～とあるので、annex「別館」を言い換えた (C) To a different building が正解。

スクリプト

Questions 98 through 100 refer to the following speech.

Welcome to the Ratiz Vocational Center. I'm Lisa Wynn, the industrial training course manager. Your company will be sending you here once a week for the next month to upgrade your skills. Today, we'll start by showing you a video presentation on some of the latest industrial processes. After that, Robert Anderson is going to give a demonstration of tools and automated equipment that are going to be introduced into your own factories in the coming months. Robert is very enthusiastic about this part of the program because it's had such great responses from attendees of past sessions. At about 10:45 A.M., we're going to divide you up into teams where you can ask questions. We'll break at noon for lunch in the cafeteria on the floor above us. When you return at 1:00 P.M., we'll continue our program in the computer laboratory in our annex a few blocks from here.

スクリプトの訳

設問 98 ～ 100 は次のスピーチに関するものです。

ラティズ職業センターにようこそ。私は産業トレーニングコースマネージャーのリサ・ウィンです。皆様は来月、皆様の企業から週一度のペースでスキルアップのために、こちらを訪れる予定です。今日は皆様に最新の産業工程に関する映像によるプレゼンをご覧いただきます。その後にロバート・アンダーソン氏が皆さんの工場に数か月中に導入される道具と自動の設備のデモンストレーションを行います。過去のこの研修の参加者から多くの反響があったので、ロバートはこの計画に大変熱心に取り組んでおられます。10時45分頃、皆様方を質問をするチームに振り分けます。正午には一度解散し、この上の階のカフェテリアで昼食をとります。午後1時に戻ったらここから数ブロック先の別館のコンピュータラボラトリーで研修を再開する予定です。

設問・選択肢の訳

98. 話し手はおそらく誰だと思われますか。
(A) ツアーガイド
(B) 大学のリクルーター
(C) プログラムの役員
(D) 百貨店の販売員

99. ロバート・アンダーソンは彼の実演についてどうして熱心なのですか。
(A) 彼の仕事に関するビデオが制作されたから。
(B) 新しい設備が試されたから。
(C) チームが拡大されたから。
(D) フィードバックを受け取ったから。

100. 聞き手は午後1時にどこに行く予定ですか。
(A) カフェテリア
(B) 上の階
(C) 別の建物
(D) 化学実験室

ボキャブラリー

- □ **industrial** 形 産業の
- □ **demonstration** 名 実演
- □ **automated** 形 自動化された
- □ **enthusiastic** 形 熱心な
- □ **response** 名 反応
- □ **attendee** 名 出席者
- □ **divide** 他 分ける
- □ **laboratory** 名 実験室
- □ **annex** 名 別館
- □ **upstairs** 副 階上へ
- □ **chemistry** 名 化学

Coffee Break お決まり表現パターン

Part 2

超頻出の疑問文を種類別にピックアップ。「分かりやすい正解の例」と「直接答えていないけれども正解となる例」を載せています。答え（A）は2つとも正解です。

疑問詞で始まる疑問文 Where/When/What/Why/Who/How…で始まる疑問文

Q: When was the last time you used the airline?
（その航空会社を最後に利用したのはいつですか？）

A: Several months ago.（数か月前です）

A: I can't even remember.（全く覚えていません）

疑問詞のない疑問文 Do you…?/Is he…? で始まる疑問文

Q: Do you want to have lunch with the new secretary today?
（今日、新しい秘書と昼食に行きたくないですか？）

A: Yes. That would be great.（はい、それは素晴らしいですね）

A: I have to prepare for the negotiation.（交渉の準備をしないといけません）

依頼文 Can you…?/Could you…? で始まる依頼を表す文

Q: Could you tell me how to get to the repair shop?
（修理工場に行く方法を教えてくれますか？）

A: Sure, I'd be happy to.（もちろん、喜んで）

A: There is a police station right across the street.（道の向こうに交番がありますよ）

否定疑問文 Don't you…?/Can't you…?/Isn't he…? など否定形の疑問文

Q: Can't you give me just one minute to call my client?
（クライアントに電話するので一分待ってもらえませんか？）

A: Of course. Take your time.（もちろん、ゆっくりどうぞ）

A: Is that Mr. Martinez from Thomas Co.?（それはトーマス社のマルチネ氏ですか？）

付加疑問文 …don't you?/…isn't he?/…aren't we? で終わる疑問文

Q: We are going to revise the sales report, aren't we?
（我々は販売レポートを修正しますよね？）

A: Yes, as soon as possible.（はい、できるだけ早く）

A: I have already checked the figures and changed it.
（もう数字を確認して変更しておきましたよ）

選択疑問文 2つのうち1つを選ぶ疑問文

Q: Would you rather go by bus or take the train?
（バスで行きたいですか、それとも電車に乗りますか？）

A: Let's take a bus to the exhibition site.（展示場にはバスで行きましょう）

A: It doesn't really matter.（どちらでもかまいません）

テスト3
〈正解・解説〉

1. 正解：(D) ☆

英 CD-2 21

解説 人物一人が写っている。周りにあるカボチャが印象に残る。目立つものに気をとられて正解を聞き逃さないように注意しよう。(A)「彼」も「カボチャ」も写真に見えるが、カボチャを食べているのではない。(B) 彼は今働いているかは分からない。またここは野原ではない。(C) も (A) と同様に「彼」も「野菜」も写真に見えるが、動作が写真と違う。「両手をポケットに入れて座っている」の (D) が正解。

スクリプト
(A) He's eating a pumpkin.
(B) He's working in the fields.
(C) He's carrying some vegetables by hand.
(D) He's sitting with both his hands in his pockets.

スクリプトの訳
(A) 彼はかぼちゃを食べている。
(B) 彼は野原で働いている。
(C) 彼は手で野菜を運んでいる。
(D) 彼は両手をポケットに入れて座っている。

ボキャブラリー
□ **field** 名 野原　　□ **vegetable** 名 野菜

---

2. 正解：(D) ☆

米

解説 室内の写真。写真に見える単語が選択肢に含まれていても、それだけですぐに正解と決めずに状況を確認してから解答しよう。(A)「ランプ」は「暖炉」の、向かって左側に一つだけしかない。(B) 人物の写真ではないので現在人がワックスをかけている状況ではない。(C) 椅子は写真の中にいくつか見えるがソファーと向かい合っている。ガラステーブルの上に本が置いてあるので (D) が正解である。

スクリプト
(A) There is a lamp on either side of the fireplace.
(B) The floor is being waxed.
(C) The chairs are facing the window.
(D) There are several books on a glass table.

スクリプトの訳
(A) 暖炉の両側にランプがある。
(B) 床にワックスがかけられているところだ。
(C) 椅子は窓に面している。
(D) ガラステーブルの上に何冊かの本がある。

ボキャブラリー
□ **lamp** 名 ランプ　　□ **fireplace** 名 暖炉
□ **face** 他 方向に面する　　□ **glass table** ガラステーブル

3. 正解：(A) ☆

加 ▶CD-2 22

解説 衣類がたくさんロープにつるしてある写真。選択肢のトラップに引っかからないように注意しながら聞こう。(A) たくさんの衣類が干してあるのでこれが正解。(B) は干してあるものが merchandise「商品」ではない。また rack「棚」につるされているのではない。(C) 衣類が絡まっている状況ではない。(D) Tシャツは写真に見えるが、他に商品は見えないのでここは市場ではない。

スクリプト
(A) Many clothes are being hung out to dry.
(B) Merchandise is hanging on a rack.
(C) Clothing has gotten tangled on the clothes line.
(D) T-shirts are being displayed at a market.

スクリプトの訳
(A) 沢山の衣類を乾かすために外に干している。
(B) 商品が棚からつるされている。
(C) 衣類が物干しロープに絡まってしまった。
(D) T シャツが市場で陳列されている。

ボキャブラリー
☐ **cloth** 名 衣服
☐ **hang** 他 掛ける
☐ **merchandise** 名 商品
☐ **rack** 名 棚
☐ **tangle** 他 絡ませる

---

4. 正解：(A) ☆☆

豪

解説 子供たちがビルの前に立って何かを観戦している。したがって (A) が正解。(B) 写真の中にベンチは見えず、ほとんどの子供は立っている。(C) 子供たちは横に並んでいるようで、列を作って何かを待っているわけではない。(D) commute「通勤する」の意。写真に地下鉄は見えない。

スクリプト
(A) Children are in front of a building.
(B) Children are all seated on the benches.
(C) Children are waiting in line at a ticket box office.
(D) Children are commuting on the subway.

スクリプトの訳
(A) 子供たちがビルの前に立っている。
(B) 子供たちが皆ベンチに座っている。
(C) 子供たちが切符売り場で待っている。
(D) 子供たちは地下鉄で通っている。

ボキャブラリー
☐ **box office** チケット売り場
☐ **commute** 自 通勤する
☐ **subway** 名 地下鉄

5. 正解：(D) ☆

英　▶CD-2 23

解説 (A) 写真に交差点はない。交通量が激しいわけでもない。(B) 道路の片側に木が植えてあるが、桜並木ではない。(C) 道路は掃除されているとも考えられるが、写真に労働者が見えない。車両が道路を進んでいるので (D) が正解である。

スクリプト
(A) The intersection is congested with traffic.
(B) The street is lined with cherry trees on both sides.
(C) The street is being cleaned by workers.
(D) A vehicle is moving on the road.

スクリプトの訳
(A) 交差点は交通量が激しく混雑している。
(B) 道路は両側に桜並木が並んでいる。
(C) 道路は労働者によって掃除されているところだ。
(D) 車両が道路を進んでいる。

ボキャブラリー
☐ **intersection** 名 交差点
☐ **congest** 他 渋滞させる
☐ **traffic** 名 交通
☐ **cherry tree** 桜の木
☐ **vehicle** 名 乗り物

---

6. 正解：(B) ☆

米

解説 写真には帽子が水辺で販売されている様子が写っている。(A) 帽子は並べられているが、机の上ではない。「商品が販売されている」の (B) が正解。(C) 陳列の方を向いている顧客は写真の中にはいない。(D) 女性が写真の中に数人いるが、海で泳いでいるわけではない。

スクリプト
(A) Hats have been left on the desk.
(B) Merchandise is laid out for sale.
(C) Customers are facing a display.
(D) A woman is swimming in the sea.

スクリプトの訳
(A) 帽子が机の上に置きっぱなしにされている。
(B) 商品が販売用に陳列されている。
(C) 顧客が陳列の方を向いている。
(D) 女性が海で泳いでいる。

ボキャブラリー
☐ **merchandise** 名 商品
☐ **sale** 名 売り出し
☐ **display** 名 陳列

7. 正解：(D) ☆

加 ▶CD-2 24

解説 空港にある飛行機の写真。旅行や空港に関連する単語が出てきてもそれが写真になければ正解ではないので気を付けよう。(A) 飛行機は現在空港にあるので今から着陸するのではない。land はここでは「地面に着く」の意味の動詞である。(B) 旅行者も荷物も写真の中にない。(C) 客室乗務員は写真の中に見えない。「飛行機が1機ある」の (D) が正解。

スクリプト
(A) The air plane is about to land.
(B) Travelers are carrying their luggage.
(C) The flight attendant is offering in-flight service.
(D) There is an airplane at the terminal gate.

スクリプトの訳
(A) 飛行機がまさに着陸しようとしている。
(B) 旅行者が荷物を運んでいる。
(C) 客室乗務員が機内サービスを提供している。
(D) ターミナルに飛行機が1機ある。

ボキャブラリー
- □ **be about to** 〜するところである
- □ **traveler** 名 旅行者
- □ **luggage** 名 手荷物
- □ **flight attendant** 客室乗務員
- □ **in-flight** 形 飛行中の
- □ **service** 名 もてなし
- □ **terminal** 名 空港の

---

8. 正解：(B) ☆☆

豪

解説 道路と車の写真。(A) 写真にサービスステーションはない。車の前方の横断歩道を人が渡っているので車は今、停車している。したがって (B) が正解である。(C) 道路が混んでいるとすれば「車で」混んでおり、「バイクで」ではない。(D) 人々が渡っているのは「横断歩道」。「歩道橋」は写真にない。pedestrian overpass「歩道橋」の意。

スクリプト
(A) Cars are being washed at a service station.
(B) Cars are stopped at a pedestrian crossing.
(C) The street is crowded with motor bikes.
(D) Some people are crossing a pedestrian overpass.

スクリプトの訳
(A) 車がサービスステーションで洗車中である。
(B) 車が横断歩道で停車中である。
(C) 通りはバイクで混雑している。
(D) 何人かの人々は歩道橋を渡っている。

ボキャブラリー
- □ **service station** ガソリンスタンド、サービスステーション
- □ **pedestrian crossing** 横断歩道
- □ **motor bike** バイク
- □ **pedestrian overpass** 歩道橋

9. 正解：(C) ☆

英 ▶CD-2 25

解説 (A) ホットケーキは今、焼いているところなのでまだ食卓に出す準備はできていない。(B) 女性が使っている調理器具はフライパンではない。火にかけている様子はない。女性がボウルを持っているので (C) が正解。(D) 何かをオーブンから取り出しているわけではない。buns「バンズ、丸パン」の意。

スクリプト
(A) The pancakes are ready to be served.
(B) A frying pan has been place on the stove.
(C) A woman is holding a bowl.
(D) A woman is removing buns from the oven.

スクリプトの訳
(A) ホットケーキは食卓に出す用意が整っている。
(B) フライパンが火にかけられたところだ。
(C) 女性がボウルを持っている。
(D) 女性が丸パンをオーブンから取り出している。

ボキャブラリー
□ **pancake** 名 パンケーキ
□ **frying pan** フライパン
□ **stove** 名 ストーブ
□ **bowl** 名 ボウル
□ **remove** 他 取り出す
□ **buns** 名 バンズ、丸パン

---

10. 正解：(C) ☆☆

米

解説 (A)warehouse「倉庫」の意。写真の中に倉庫と特定できるものがない。(B) 写真に「窓」はいくつもあるが、人々が買おうとしているわけではない。(C) いくつかの建物には外にテラスがあるので正解。(D) 写真に見えるのが集合住宅だとしても「工事中」ではない。under construction は「工事中」で TOEIC の必須表現。

スクリプト
(A) People are working at a warehouse.
(B) People are looking to buy windows.
(C) Several buildings have small terraces.
(D) The housing development is under construction.

スクリプトの訳
(A) 人々は倉庫で働いている。
(B) 人々は窓を買おうとして見ている。
(C) いくつかのビルは外に小さなベランダがついている。
(D) 集合住宅が建設中である。

ボキャブラリー
□ **warehouse** 名 倉庫
□ **terrace** 名 ベランダ
□ **under construction** 工事中で

11. 正解：(B) ☆

加 ▶ 豪　CD-2 26

解説 疑問詞 What ～？で始まる疑問文。会議の目的に関する質問に対して (A) は場所を答えているので不正解。(B) が目的を答えているので正解。(C) は設問の purpose とほぼ同意の intention「目的」が含まれているが、会話の流れが不自然。また設問の meeting は名詞で使われているのに対して meeting が動名詞で使用されている。惑わされないようにしよう。

スクリプト
What is the purpose of tomorrow's meeting?
(A) At a seminar room.
(B) To arrange the shipment.
(C) She has no intention of meeting him.

スクリプトの訳
明日の会議の目的は何ですか。
(A) セミナー室で行います。
(B) 出荷を手配することです。
(C) 彼女は彼に会うつもりはありません。

ボキャブラリー
□ **intention** 名 意図、目的

---

12. 正解：(C) ☆

米 ▶ 英　CD-2 27

解説 疑問詞のつかない疑問文、Did you ～？に答える問題。Did you have a nice Halloween? は「ハロウィーンを持っていましたか?」ではなく、「よいハロウィーンを過ごしましたか?」の意。(A) はお腹が空いたかどうかについて答えている。(B) は he が指す人物が分からないことと、未来の時制で答えているので不正解。「はい、素晴らしかったです」と答えている (C) が正解。

スクリプト
Did you have a nice Halloween this year?
(A) I'm not hungry yet.
(B) He will have a cold beer.
(C) Yes, it was quite wonderful.

スクリプトの訳
今年は良いハロウィーンを過ごしましたか。
(A) まだお腹が空いていません。
(B) 彼は冷たいビールを飲みます。
(C) はい、それはとても素晴らしかったです。

ボキャブラリー
□ **Halloween** 名 ハロウィーン　□ **hungry** 形 お腹が空いて
□ **beer** 名 ビール

13. 正解：(A) ☆

豪 ▶ 加　▶CD-2 28

解説 平叙文に答える問題。「コーンスープの味がひどい」との語りかけに対して「本当ですか?」と驚いてから「自分のスープも同じくひどい」と言っている (A) が、会話がきちんと流れているので正解。(B) は設問の corn の発音と corner の発音が少し似ているが、会話が成り立っていない。(C) oral test は「口頭試験」の意。「口頭試問を受けた」こととスープの味とは直接関連がなく、不正解。

スクリプト
This corn soup tastes terrible!
(A) Really? Oh, so does mine.
(B) Turn left at the corner.
(C) I took an oral test.

スクリプトの訳
このコーンスープはひどい味がします！
(A) 本当ですか。あ、私のもそうです。
(B) 曲がり角を左に曲がってください。
(C) 私は口頭試験を受けました。

ボキャブラリー
□ **corn** 名 トウモロコシ　□ **terrible** 形 ひどい
□ **oral test** 口頭試験

---

14. 正解：(A) ☆

英 ▶ 米　▶CD-2 29

解説 疑問詞を使わない疑問文。Will you ～? から始まり、依頼を表すパターン。「手伝ってくれますか?」に対して正解の (A) は「もちろん」と答えた後に手伝うための道具の在りかを聞いている。(B) は Will you ～? に Yes で答えているので、正しく聞こえるが、その後が設問に答えていない。(C) は Will you ～? で聞かれているのに対して、Would you like ～? と質問をしてしまっている。会話も流れておらず、不正解。

スクリプト
Will you help me wash the dishes?
(A) Certainly. Where is the sponge?
(B) Yes. The saucepan is boiling over!
(C) Would you like separate checks?

スクリプトの訳
私が皿を洗うのを手伝ってもらえますか。
(A) もちろん。スポンジはどこですか。
(B) はい。片手鍋が沸騰してあふれています。
(C) 別々に会計しますか。

ボキャブラリー
□ **sponge** 名 スポンジ　□ **saucepan** 名 片手鍋
□ **boil over** ふきこぼれる　□ **check** 名 勘定

15. 正解：(B) ☆☆

加 ▶ 豪　CD-2 30

解説 平叙文に答える問題。設問は疑問文の形ではなく、この場合「彼は落ち込んでいるようです」とロンの様子について心配している。(A) は Shall I ～?「～しましょうか?」と何かを提案しているが、提案が設問とかみ合わず、不正解。(B) は「彼は徐々に受け入れます」と心配を軽減するような話の流れが自然であり、正解。(C)「彼女にはがきを送ることができない」ことは設問には関係がない。

スクリプト　Ron looked very disappointed that he didn't get a contract from her.
(A) Shall I cancel my dental appointment?
(B) He will eventually come to terms with it.
(C) I won't be able to send her a post card.

スクリプトの訳　ロンは彼女からの契約を取れなかったので、大変落ち込んでいるようです。
(A) 私の歯医者の予約をキャンセルしましょうか。
(B) 彼は徐々に受け入れるようになりますよ。
(C) 私は彼女にはがきを送ることができないでしょう。

ボキャブラリー　□ **dental** 形 歯科の　□ **appointment** 名 予約

---

16. 正解：(C) ☆

米 ▶ 英　CD-2 31

解説 疑問詞 How を使った疑問文。商品券の使い方について聞いている。gift certificate「商品券」の意。gift「贈り物」の一語につられて (A) と誤答しないよう注意。(B) の certain「確かな」の発音が一部 certificate に似ているが she が誰のことかが不明。「レジに見せてください」と使うときの手順を示している (C) が正解である。

スクリプト　Excuse me, how do I use this gift certificate?
(A) Congratulations on your birthday!
(B) Sorry, she is not certain.
(C) Please show the cashier before paying.

スクリプトの訳　すみません。この商品券をどう使えばいいですか。
(A) 誕生日おめでとうございます。
(B) ごめんなさい。彼女は確かではありません。
(C) お支払いの前にレジ係に見せてください。

ボキャブラリー　□ **gift certificate** 商品券　□ **congratulation** 名 祝うこと
□ **cashier** 名 レジ係

17. 正解：(B) ☆☆

加 ▶ 米　▶CD-2 32

解説 平叙文に答える問題。When は疑問詞ではなく「～のときに」を表す接続詞。drop ～ a line は「～に便りを出す」の意。(A) は傘を置いてきたことを謝罪しており、間違い。「便りを出します」に対して「気を付けて、良い旅行を」とあいさつしている (B) が正解。(C) は設問と line の単語が一致するのみ。

スクリプト
When I get to the Montreal branch, I'll drop you a line.
(A) I'm sorry, I left my umbrella.
(B) OK, take care and have a great trip.
(C) This line leads to the entrance.

スクリプトの訳
モントリオールに着いたら便りを出します。
(A) すみません。傘を置いてきてしまいました。
(B) 分かりました。お気をつけて良い旅行を。
(C) この列は入り口まで続いています。

ボキャブラリー
□ **Montreal** 名 モントリオール　□ **drop a line** ～に便りを出す
□ **lead** 自 導く　□ **entrance** 名 入り口

---

18. 正解：(B) ☆☆

豪 ▶ 英　▶CD-2 33

解説 疑問詞 How で始まる疑問文。How soon ～? は「どれくらいで～?」と時間を聞いている。(A) は bend の発音が vending と似ているように聞こえるが、会話がかみ合っていない。(B) が「数時間で使えます」と質問に答えており、正解。自動販売機の使用を聞かれているのに対して (C) は自分の空き時間を答えている。available の語は一致しているので誤答しないように注意が必要。

スクリプト
How soon will this vending machine be available?
(A) Bend your knees, please.
(B) Within a few hours.
(C) I am available only on Tuesday.

スクリプトの訳
この自動販売機はどれくらいで使えるようになりますか。
(A) 膝を曲げてください。
(B) 数時間で使えるようになります。
(C) 私は火曜日しか空いていません。

ボキャブラリー
□ **vending machine** 自動販売機　□ **available** 形 利用可能である
□ **bend** 他 曲げる　□ **knee** 名 膝

19. 正解：(B) ☆

米 ▶ 加 ▶CD-2 34

解説 Would you ～？で始まる、相手の許可を問う問題。Would you mind？は「電話をすることを気にしますか?」つまり「～していただけますか?」の意味。(A) は電話口での応答であり、不正解。「喜んでいたします」と答えている (B) が正解。(C) は Yes と答えることで「はい（気にしますので、電話をしたくありません）」の意味になる。また、he の指す人物が不明なので間違い。

スクリプト
Would you mind calling maintenance?
(A) Who's calling, please?
(B) I'd be happy to.
(C) Yes, he does.

スクリプトの訳
管理に電話をしていただいてもいいですか。
(A) お名前をお聞きしてもいいですか。
(B) 喜んでいたします。
(C) はい、彼はそうです。

ボキャブラリー
□ **maintenance** 名 管理、メンテナンス

---

20. 正解：(B) ☆☆

英 ▶ 豪 ▶CD-2 35

解説 疑問詞 How で始まる疑問文。grumble「小言」の意味。How do you put up with ～？で「どのようにしたら耐えられるのですか?」と聞いている。(A) は設問と同じ put を使っているが、「（新聞を）置く」の意味なので質問に答えていない。(B) は小言に耐える方法を示しており、正解。(C) も設問の put を put together「組み立てる、集める」のイディオムで使っており、答えとして不適当。

スクリプト
How do you put up with her grumbling every day?
(A) I didn't put the newspaper on the table.
(B) I learned to block it out.
(C) Could you put together the questionnaire?

スクリプトの訳
どうやったら彼女の小言に毎日耐えられるのですか。
(A) 私は新聞をテーブルに置いていません。
(B) 私は気にしないことを学びました。
(C) アンケートを集めてもらえますか。

ボキャブラリー
□ **put up with** 耐える
□ **grumble** 名 小言
□ **block out** ふさぐ、締め出す
□ **put together** 組み立てる、集める
□ **questionnaire** 名 アンケート

21. 正解：(A) ☆☆

英 ▶ 米　CD-2 36

解説 疑問詞 When で始まる疑問文。「いつ?」と聞かれ、素直に「日曜の午後3時です」と答えている (A) が正解。(B) 数字が出てくるが pound は重さの単位であり、間違い。(C) は設問を「公開討論会の場所はどこか?」と問われたと勘違いすると誤答してしまう。

スクリプト
When is the first panel discussion scheduled for?
(A) Next Sunday at 3:00 P.M.
(B) Approximately 40 pounds.
(C) It's on the second floor.

スクリプトの訳
最初の公開討論会はいつ予定されていますか。
(A) 次の日曜日の午後３時です。
(B) およそ40ポンドです。
(C) それは２階です。

ボキャブラリー
□ **panel discussion** 公開討論会　□ **schedule** 他 予定する
□ **pound** 名 ポンド

---

22. 正解：(A) ☆

米 ▶ 加　CD-2 37

解説 疑問詞を使わない疑問文。Is this ～? などの疑問文に、単純に Yes, it is. などで答えている文が正解である可能性は少ない。(A) は「もちろん」と答えた後にデータが正確だと思う理由を述べており、正解。(B) は値段を聞く疑問文であり、会話が流れていない。(C) accurate と発音の似ている accuse「非難する」が含まれているが、応答として不適当。

スクリプト
Is the data on this chart accurate?
(A) Sure, I checked it many times.
(B) How much will it cost?
(C) I was accused of being late.

スクリプトの訳
この図のデータは正確ですか。
(A) もちろん、何回も確認しましたから。
(B) それはいくらかかりますか。
(C) 私は遅れたことで非難されました。

ボキャブラリー
□ **chart** 名 図表　□ **accurate** 形 正確な
□ **accuse** 他 非難する
☆ data は正式には複数扱いであるが、日常的には単数扱いが多い。

23. 正解：(C) ☆

英▶米 CD-2 38

解説 Can you ～? で始まる依頼の文。「手伝ってもらえますか?」に対して質問で返している (A) は会話が流れておらず、不正解。(B)Let us go ～は Let's go ～を短縮する前の形で「～しましょう」の意。lettuce「レタス」と聞き間違えないよう注意。(C) は「いいですよ」と答えてから具体的に手伝うための道具の場所を聞いており、正解。

スクリプト
Can you help me with the salad?
(A) May I put on my dressing robe?
(B) Let us go to the library.
(C) OK, where is a kitchen knife?

スクリプトの訳
サラダを作るのを手伝ってもらえますか。
(A) 部屋着を身に着けてもいいですか。
(B) 図書館に行きましょう。
(C) いいですよ。包丁はどこですか。

ボキャブラリー
□ **salad** 名 サラダ　□ **robe** 名 部屋着

---

24. 正解：(B) ☆☆

加▶豪 CD-2 39

解説 平叙文に答える問題。設問は疑問文の形ではなく、この場合「団地に住むのは好きではありません」と好き嫌いを述べているので、会話が自然に流れるような選択肢を選ぶ。(A) は設問と apart の発音が一致するが応答として不適当。(B) は「私も好きではない」と同意しており、これが正解。(C) は設問と最後の単語 complex が同じく、耳に残りやすいので誤答しないよう注意。

スクリプト
I don't like living in an apartment complex.
(A) The conventions are 3 hours apart.
(B) Neither do I.
(C) His explanation was rather complex.

スクリプトの訳
団地に住むのは好きではありません。
(A) 集会は3時間の間隔があります。
(B) 私も好きではありません。
(C) 彼の説明はどちらかというと複雑でした。

ボキャブラリー
□ **apartment complex** 団地　□ **convention** 名 集会
□ **apart** 形 離れて　□ **explanation** 名 説明
□ **complex** 形 複雑な

25. 正解：(A) ☆☆

英 ▶ 豪　▶CD-2 40

解説 平叙文に答える問題。「小切手を現金にしたい」との意向に適切に応答している物を選ぶ。(A) が「口座番号はお持ちですか？」と現金化する手順を勧めており、正解。(B) の cashier は「レジ係」の意で、設問の cash「現金」と混同を誘っている。(C) は設問の check「小切手」を動詞の「確認する」の意味で使っている。会話が流れておらず、不正解。

スクリプト
I'd like to cash this check, please.
(A) Do you have an account here?
(B) So, you want to work as a cashier, don't you?
(C) I haven't checked it yet.

スクリプトの訳
小切手を現金にしたいのですが。
(A) 口座番号はお持ちですか。
(B) それではあなたはレジ係として働きたいのですね。
(C) 私はまだそれを確認していません。

ボキャブラリー
□ **cash** 他 現金に換える　□ **account** 名 口座

---

26. 正解：(A) ☆☆

米 ▶ 加　▶CD-2 41

解説 疑問詞のつかない疑問文、2つのうちどちらかを選択する文の問題。「キャンペーンを室内、屋外のどちらで行いますか？」と聞いているのに対して (A) は「天候によります」と判断基準を述べており、正解。(B) は開店時間を聞かれた際の応答であり、不適当。(C) も販売に関する内容であるが、質問には答えていない。

スクリプト
Are we having the sales promotion indoors or outdoors?
(A) It depends on the weather.
(B) I think the shop will open at 9:00 A.M.
(C) The furniture store doesn't give refunds.

スクリプトの訳
販促活動を室内で行いますか、それとも屋外で行いますか。
(A) 天候によります。
(B) その店は朝9時に開くと思います。
(C) その家具店は返金をしないシステムです。

ボキャブラリー
□ **promotion** 名 販促活動　□ **indoors** 副 屋内で
□ **outdoors** 副 屋外で　□ **depends on** ～によって決まる
□ **furniture** 名 家具　□ **refund** 名 払い戻し

27. 正解：(B) ☆☆☆

豪▶英 CD-2 42

解説 疑問詞 Why ～で始まる疑問文。(A) は Why ～？に対して Because で答えているが、その理由が答えになっていない。adventurous は「冒険的な」の意。設問の advertising と発音が一部似ているので注意しよう。(B)「それはイメージを伝えている」が広告戦略を選んだ答えとして適しており、正解。(C) は設問に答えておらず、会話の流れも不適当。

スクリプト
Why did you choose that advertising strategy?
(A) Because the expedition will be adventurous.
(B) It conveys the image we want.
(C) I found this cheese cutter in the kitchen.

スクリプトの訳
どうしてあの広告戦略を選んだのですか。
(A) それはその遠征が冒険的だろうからです。
(B) それは我々の求めるイメージを伝えています。
(C) 私はキッチンでこのチーズカッターを見つけました。

ボキャブラリー
□ **advertising strategy** 広告戦略
□ **expedition** 名 遠征　□ **adventurous** 形 冒険的な
□ **convey** 他 伝える　□ **cutter** 名 カッター

---

28. 正解：(A) ☆

加▶米 CD-2 43

解説 疑問詞 How で始まる疑問文。How's business recently? は「仕事はどうですか？」の意味で、あいさつ代わりに用いられることも多い。(A) は「調子がいいです」と答えているので正解。(B) は he の指す人物が不明。(C) 受付の場所は設問と関係がなく、不正解。

スクリプト
How's business recently?
(A) It's been all right. How about yours?
(B) He works for an electronics firm.
(C) I don't know where the reception desk is.

スクリプトの訳
仕事は最近どうですか。
(A) 調子がいいですよ。あなたはどうですか。
(B) 彼は電子製品会社で働いています。
(C) 私は受付がどこか分かりません。

ボキャブラリー
□ **electronics** 名 電子工学　□ **firm** 名 企業

29. 正解：(B) ☆☆

豪▶加　▶CD-2 44

解説 平叙文に答える問題。Try as you may は「どんなに一生懸命にしても」の意。(A)「私はケベックに行ったことがありません」と言っていて不正解。突然聞き取りにくい固有名詞が出てきてもあせらず、I have never been to ～が聞き取れていればQuebec が場所を表す語だと分かる。(B) が設問に同意しており、正解。(C) は会話が流れておらず、不正解。transcript は「成績証明書」の意味。

スクリプト

Try as you may, you will never be able to convince him.
(A) I have never been to Quebec.
(B) Perhaps, you are right. It seems difficult to change his mind.
(C) Please send your transcript as soon as possible.

スクリプトの訳

どんなに頑張っても彼を説得することは絶対にできないでしょう。
(A) 私はケベックに行ったことがありません。
(B) おそらくそうです。彼の気持ちを変えるのは難しそうですから。
(C) 成績証明書をできるだけ早く送ってください。

ボキャブラリー

□ **convince** 他 説得する　□ **Quebec** 名 ケベック
□ **transcript** 名 成績証明書

---

30. 正解：(A) ☆

英▶米　▶CD-2 45

解説 疑問詞 Who で始まる疑問文。submit は「提出する」の意。「誰に提出するべきなのですか」に対して提出するべき相手を答えている (A) が正解。(B) は人物名で始まるので正解だと勘違いしがちであるが、時制が過去なので間違い。(C) は値段を答えており、設問の応答として不適当。

スクリプト

Who should I submit the income statement to?
(A) To the new treasurer
(B) Mr. Chan was waiting for me at the station.
(C) More than 200 dollars

スクリプトの訳

収入内訳書を誰に提出するべきですか。
(A) 新しい会計係に提出するべきです。
(B) チャン氏が私を駅で待っていました。
(C) 200 ドル以上です。

ボキャブラリー

□ **income** 名 収入　□ **statement** 名 計算書
□ **treasurer** 名 会計係

31. 正解：(B) ☆☆

加 ▶ 豪 ▶CD-2 46

解説 疑問詞 What を含んだ疑問文。「チケットはどの日に発売されますか?」と聞いている。(A) は時間を答えているので間違い。(B) は直接、日程を答えていないが、「ホームページを見ましょう」とチケット発売の日を調べようと提案しているので会話が自然に流れている。(C) は that の指す日時が不明。また、時制は過去であるので不正解。

スクリプト

On what date will the tickets be sold?
(A) Between 8:30 and 5:30.
(B) Let's check it out on the web site again.
(C) That was when I saw him last.

スクリプトの訳

チケットはいつ発売されますか。
(A) 8時30分から5時30分の間です。
(B) もう一度それをホームページで調べてみましょう。
(C) それが私が彼を見た最後でした。

ボキャブラリー

□ **web site** ホームページ

---

32. 正解：(C) ☆☆

米 ▶ 英 ▶CD-2 47

解説 疑問詞 Where で始まる疑問文。「どこですか?」に対して (A) は場所を答えているが、「ブラジル」では範囲が広すぎて「昨日洗ったグラス」を置く場所としては不適切。(B) は glass「グラス」の単語が設問と一致するが、「アイスティーをいかがですか?」ではグラスの在りかを答えておらず、不正解。(C) が洗ったグラスを置いた場所について答えているので正解。

スクリプト

Where are the glasses I washed yesterday?
(A) In Brazil.
(B) Would you like a glass of iced tea?
(C) I put them in the cupboard.

スクリプトの訳

私が昨日洗ったグラスはどこですか。
(A) ブラジルにあります。
(B) アイスティーを一杯いかがですか。
(C) 食器棚に置きました。

ボキャブラリー

□ **Brazil** 名 ブラジル　　□ **cupboard** 名 食器棚

33. 正解：(B) ☆

加 ▶ 米　▶CD-2 48

解説 Won't you ～? で始まる否定疑問文。Will you ～? に not がつき省略形になったもの。音声を聞いたときに I want you ～などと聞き間違えないよう注意。(A) は設問の tire「タイヤ」と発音の似ている tired「疲れて」を使い、誤答を誘っている。「いいえ」と答えた後に自転車ショップに行かない理由を述べている (B) が正解。(C) は設問の fix「修理する」を「(食事を) 作る」の意味で用いている。

スクリプト

Won't you go to the bicycle shop to have your flat tire fixed?

(A) No, I am not tired yet.

(B) No, I can do it myself.

(C) Let me fix you some sandwiches in the morning.

スクリプトの訳

空気の抜けたタイヤを直すために自転車ショップに行かないのですか。

(A) いいえ、私はまだ疲れていません。

(B) いいえ、自分でできますから。

(C) 朝、あなたにサンドイッチを作りましょう。

ボキャブラリー

□ **flat tire**　パンクしたタイヤ

□ **fix**　他 修理する、食事をつくる

□ **sandwich**　名 サンドウィッチ

---

34. 正解：(C) ☆☆

豪 ▶ 英　▶CD-2 49

解説 疑問詞のつかない疑問文。There is ～構文「～があります」の疑問形。設問は近くに駐車場があるかどうかを聞いている。(A) はホールの広さを答えており、設問に対して不適当。(B) は「はい」と答えた後に「噴水があります」と言っている。「自動の施設があります」と答えている (C) が正解。lot は「駐車場などにあてられる土地の一区画」。

スクリプト

Is there parking nearby?

(A) I guess this hall is rather spacious.

(B) Yes, there is a fountain in the park.

(C) There is an automated lot at the station.

スクリプトの訳

近くに駐車場はありますか。

(A) このホールはどちらかというと広いと思います。

(B) はい。公園の中に噴水があります。

(C) 駅に自動の駐車施設があります。

ボキャブラリー

□ **spacious**　形 広い

□ **automated**　形 自動の

□ **lot**　名 駐車場の一区画

35. 正解：(A) ☆☆

米 ▶ 加　CD-2 50

解説 疑問詞のつかない疑問文、２つのうちどちらかを選択する文の問題。「研究室に残るか、家に帰るか?」と聞いているが、この場合、「どちらも行きません」と答えて別の行き先を述べている (A) のパターンが正解。(B) は設問の lab や class と関連のありそうな physics「物理学」、mathematics「数学」が含まれているが、設問に答えていない。(C) も応答として不適当。

スクリプト
Do you plan to stay in the lab or go home after class?
(A) Neither. I'm going to a bookstore.
(B) I am taking physics and mathematics.
(C) Let's find some lodging houses.

スクリプトの訳
研究室に残りますか、それとも授業の後に家に帰りますか。
(A) どちらにも行きません。私は書店に行きます。
(B) 私は物理学と数学をとっています。
(C) どこか下宿屋を探しましょう。

ボキャブラリー
□ **lab**　研究室（laboratory の省略形）
□ **physics** 名 物理学　□ **mathematics** 名 数学
□ **lodging house**　下宿屋

---

36. 正解：(C) ☆☆☆

英 ▶ 豪　CD-2 51

解説 付加疑問文。設問を聞いた瞬間に状況が頭に浮かぶかどうかがポイント。「無料の雑誌を提供していますよね?」と問いかけているので、雑誌を提供する側に、顧客が聞いていると考えるのが妥当。(A) は提供している側が値段を聞くのは不自然。(B) は予定が空いているかどうかは問われていない。(C) が「(無料の雑誌の) 最新号はいかがですか?」と顧客に勧める会話として成り立つので正解。

スクリプト
You are offering free magazines, aren't you?
(A) How much does it cost?
(B) I will be free this weekend.
(C) Yes, how about the latest one?

スクリプトの訳
無料の雑誌を提供していますよね。
(A) それはいくらかかりますか。
(B) 私は今週末の予定が空いています。
(C) はい。最新号はいかがですか。

ボキャブラリー
□ **free magazines**　無料の雑誌　□ **latest** 形 最新の

37. 正解：(B) ☆

豪 ▶ 加　▶CD-2 52

解説 疑問詞 Where で始まる疑問文。「どこに」と聞かれているのに対して「医者を呼びましょう」と答えている (A) は不適当。(B) が文書を置く場所を示しており、正解。(C) も場所に関する答えであるが、「キッチンシンクの中」では文書を置く場所を答えているわけではないと考えられる。

スクリプト
Where should I put this document?
(A) Let's call a doctor.
(B) In my drawer, please.
(C) It's in the kitchen sink.

スクリプトの訳
この文書をどこに置けばいいですか。
(A) 医者を呼びましょう。
(B) 私の引き出しの中に、お願いします。
(C) それはキッチンシンクの中です。

ボキャブラリー
□ **sink** 名 キッチンシンク

---

38. 正解：(C) ☆☆

英 ▶ 米　▶CD-2 53

解説 平叙文に答える問題。この場合、設問は「誰かがあなたのお祖父さんが俳優だと言っていた」と、情報を相手に確認している。(A) は電話口での発言であり、当てはまらない。(B) も設問に続く応答として不自然。(C) は「はい」と答えた後に祖父に関する追加情報を述べており、会話が流れているので正解。

スクリプト
Someone told me that your grandfather is an actor.
(A) Hold on a second, please.
(B) No, only full-time employees do.
(C) Yes, but I don't take after my grandfather.

スクリプトの訳
誰かがあなたのお祖父さんが俳優だと言っていましたよ。
(A) 電話はこのままで、少々お待ちください。
(B) いいえ、常勤社員のみがそうします。
(C) はい、でも私は祖父に似ていません。

ボキャブラリー
□ **full-time** 形 常勤の　□ **take after** 似ている

39. 正解：(C) ☆☆☆

加 ▶ 豪 ▶CD-2 54

解説 疑問詞 Why で始まる疑問文。「どうして早く起こしてくれなかったの？」と言うからには2人は親しい間柄だと推測できる。(A) は睡眠に関する応答であるが「もう寝る時間です」では早く起こさなかった理由になっておらず、不正解。(B) 建物が閉まる時間は設問とは無関係。(C) は早く起こさなかった理由を相手に親しげに確認している。これが正解。

スクリプト

Why didn't you wake me up earlier this morning?
(A) It's time to go to bed.
(B) The building closes at 9:00 P.M.
(C) Today is your day off, isn't it?

スクリプトの訳

どうして今朝、もっと早く起こしてくれなかったの？
(A) もう寝る時間です。
(B) その建物は午後９時に閉まります。
(C) 今日はきみの休みの日だよね。

ボキャブラリー

□ **wake** 他 目を覚まさせる

---

40. 正解：(A) ☆☆

米 ▶ 英 ▶CD-2 55

解説 付加疑問文の問題。「バーニー氏は対処が上手いですよね」と同意を求めているのに対して (A) は「はい」と答えて彼の優れた能力について触れており、正解。(B) は設問の issues「問題」を「刊行物」の意で使っている。(C) は会話が流れていないので不適当。

スクリプト

Mr. Barney is good at handling delicate issues, isn't he?
(A) Yes, his ability is outstanding.
(B) No, he referred to the latest issue of the paper.
(C) I am a racing driver.

スクリプトの訳

バーニー氏は慎重な問題に対処するのが上手ですよね。
(A) はい、彼の能力は抜きん出ています。
(B) いいえ、彼はレポートの最新号を参考にしました。
(C) 私はカーレーサーです。

ボキャブラリー

□ **delicate issue** 慎重な問題
□ **refer** 自 参照する
□ **racing** 名 競走
□ **outstanding** 形 目立った
□ **issue** 名 問題、刊行物

Questions 41-43

米 ▶ 英 ▶CD-2 56

41. 正解：(B) ☆☆☆

解説 男性が後半の発言で「2か月前にこの番号に電話をかけ、ヒュー氏と話をした」と言っている。それに対し、女性は勤務して1か月以内であり、勤務し始めたときにはすでにヒュー氏はここにおらず、4月1日を過ぎていたことが分かる。したがって現在は4月か5月であると推測され、選択肢から選ぶと、正解は (B) May である。

42. 正解：(C) ☆☆☆

解説 女性は後半の発言の最後 Oh here we are. Mr. Anderson transferred to the San Francisco branch ～. の箇所で初めてアンダーソン氏の転勤について知った。その前に「少しお時間をいただいて、従業員名簿を調べます」と言っているので正解は「従業員名簿を調べた」の (C) である。

43. 正解：(D) ☆☆

解説 女性の最後の発言から、アンダーソン氏は4月1日付でサンフランシスコに転勤になったことが分かる。したがって正解は (D)「サンフランシスコで勤務している」である。

スクリプト

M: Hello. May I speak to Mr. Hugh Anderson, please?

W: Hugh Anderson? There is no one here by that name. Are you sure that you have the right number?

M: Yes, I am sure. I'm Joseph Stewart from Plymouth Electronics. Only 2 months ago, I talked him at this number. It's 123-9898 and you are World Railway, aren't you?

W: Yes, we are, and you have the right number. I've just started here this month. Please give me a moment to check the employee directory. Oh here we are, Mr. Anderson transferred to the San Francisco branch as of April 1st.

スクリプトの訳

男性： こんにちは。ヒュー・アンダーソン氏と話ができますか？

女性： ヒュー・アンダーソン？　ここにはそのような名前の者はおりません。番号はお間違えないですか？

男性： はい確かです。私はプリマウス・エレクトロニクスのジョセフ・ステュワードです。2か月前にこの番号にかけたときに彼と話をしました。番号が 123-9898 でお宅はワールド・レールウェイ社ですよね？

女性： はい、こちらはワールド・レールウェイで、電話番号も間違えありません。私はちょうど今月働き始めたばかりです。少しお待ちください。従業員名簿をお調べします。あ、ここにあります。アンダーソン氏は4月1日付でサンフランシスコ支店に移動しました。

設問・選択肢の訳

41. おそらくどの月にこの会話が行われていますか。
(A) 3月
(B) 5月
(C) 9月
(D) 11月

42. アンダーソン氏の移動を女性はどのように知ったのですか。
(A) 彼女は彼の名前を思い出した。
(B) 彼女は上司に聞いた。
(C) 彼女は名簿を確認した。
(D) 彼女はアンダーソン氏に電話をした。

43. アンダーソン氏は今おそらく何をしていますか。
(A) ワールド・レールウェイを退職している。
(B) 会社の社宅に住んでいる。
(C) プリマウス・エレクトロニクスで勤務している。
(D) サンフランシスコで働いている。

ボキャブラリー

☐ **recall** 他 思い出す
☐ **directory** 名 名簿
☐ **provide** 他 提供する
☐ **housing** 名 住宅
☐ **transfer** 他 転任させる

Questions 44-46

加 ▶ 豪　▶CD-2 57

44. 正解：(B)　☆

解説 女性が最初の発言で「面接試験はどうでしたか?」と聞いている。それに対して男性は面接試験の手応えについて答えていることから、正解は (B) An oral test である。

45. 正解：(A)　☆☆

解説 女性は後半の発言で you always make a good first impression と言っているので (A) が正解。(B) に awful「ひどい」の語があるが、本文中で男性が It was awful. と言っていた箇所は「(自分の) 面接試験の内容がひどかった」という文脈である。惑わされないように注意しておこう。

46. 正解：(C)　☆☆

解説 男性が提案していることは、男性の最後の発言、If I get the job, I will take you out for dinner から、「食事に一緒に行くこと」だと分かる。したがって (C) Invite her to dinner が正解。

スクリプト

W: Mark, how did your job interview go? You told me you were applying for a librarian position the other day.

M: It was awful. I thought I would learn various requirements to be a librarian after getting accepted at the city center. But other applicants knew a lot more about it in detail and gave clearer answers to the interviewer. I suppose they have already passed the examination for a librarianship which I am now struggling with. So I am not so sure if I passed this interview.

W: You will be all right. You have just as well as any of the others. Anyway, you always make a good first impression. On top of that, you are pretty knowledgeable in many other areas as well.

M: Thank you for your kind comments. What a relief. If I get the job, I will take you out for dinner.

スクリプトの訳

女性： マーク、就職の面接はどうだった?　図書館員の仕事に応募していたわよね?

男性： ひどかったよ。司書になるために必要なことは、市の職員として合格してからいろいろと学べると思っていたよ。でも他の志願者たちは詳しくよく知っていて、面接官に分かりやすく答えていたんだ。たぶん、彼らはすでに僕が今苦労して勉強している図書館司書の資格試験は合格していると思うよ。だから面接で受かったかどうかはあまり自信がないね。

女性： 大丈夫よ。あなたは他の誰とも対等よ。どちらにしてもあなたはいつも第一印象がとてもいいわ。それに、あなたは他の分野に関してもいろいろ知っているわ。

男性： 優しいことを言ってくれてありがとう。安心したよ。もし合格したらディナーに招待するからね。

設問・選択肢の訳

44. 話し手達は何について話していますか。
(A) 有名な面接官
(B) 口頭試験
(C) 必須科目
(D) 好きな食べ物

45. 女性は男性についてどのように思っていますか。
(A) 彼は第一印象が良い。
(B) 彼の態度はひどい。
(C) 彼は図書館司書の試験に合格した。
(D) 彼の面接試験合格の可能性はとても低い。

46. 男性は何を提案していますか。
(A) 彼女の面接を助けること
(B) 細かい情報を与えること
(C) 彼女を夕食に招待すること
(D) 女性を安心させること

ボキャブラリー

□ **chance** 名 可能性
□ **success** 名 成功
□ **detail** 名 詳細
□ **librarian** 名 秘書、図書館員
□ **awful** 形 ひどい
□ **requirement** 名 必要条件
□ **accept** 他 受け入れる
□ **applicant** 名 志願者
□ **librarianship** 名 司書職、図書館学
□ **struggle** 自 奮闘する
□ **impression** 名 印象
□ **knowledgeable** 形 精通している
□ **relief** 名 安堵

Questions 47-49

英 ▶ 豪　▶CD-2 58

47. 正解：(D) ☆☆

解説 女性が最初に「腕をどうしたの？」と聞いているのに対して男性が「テニスをしていたときに転んでひじを痛めた」と言っている。したがって (D) Injured his elbow が正解。男性の発言中の fell down は fall down の過去形で「倒れる」の意。(C) は feel down「落ち込む」の過去形。

48. 正解：(C) ☆☆

解説 男性の前半の発言で「15年間テニスをしていないので、体が硬くなった」とあることから (C)「しばらくテニスをしていないから」が正解。(D)「無理に腕を伸ばした」のはフォアハンドボレーを打とうとした女性の行動である。

49. 正解：(C) ☆☆

解説 男性が後半の発言で my coworker and I are going cycling to the safari park と言っている。したがって、同僚と行く場所は safari part を言い換えた (C) An animal park が正解である。

スクリプト

W: Fred, what happened to your arm?

M: When I was playing tennis yesterday, I fell down and hurt my elbow. Also my body's so stiff because I hadn't played in 15 years.

W: I know what you mean. Last week in a friendly tennis match, when I tried to hit a forehand volley, I heard my right shoulder crack.

M: It seems like we should exercise regularly. Well, speaking of exercise, my coworker and I are going cycling to the safari park. Why don't you come with us?

スクリプトの訳

女性： フレッド、腕をどうしたの？

男性： 昨日テニスをしていたときに転んでひじを打ったんだ。それに15年のブランクのせいで、体が硬くなってしまったよ。

女性： 分かるわ。私も、先週のレクレーションテニスでフォアハンドのボレーを打とうとしたときに右の肩がボキッと鳴るのが聞こえたわ。

男性： 一緒に定期的に運動する必要がありそうだね。ああ、スポーツといえば、僕は同僚とサファリパークにサイクリングに行くんだ。一緒に行くかい？

設問・選択肢の訳

47. 男性に何がありましたか。
(A) 整形手術を受けた
(B) ヒットを打てなかった
(C) 落ち込んだ
(D) ひじを負傷した

48. なぜ彼は体が硬くなったと思ったのですか。
(A) 彼は友好的ではなかったから。
(B) 彼は初心者だから。
(C) 彼はしばらくテニスをしていなかったから。
(D) 彼は無理に腕を伸ばしたから。

49. 男性は同僚とどこに行きますか。
(A) テニスクラブ
(B) スポーツジム
(C) 動物園
(D) リサイクルショップ

ボキャブラリー

□ **fall down** 倒れる
□ **hurt** 他 怪我をさせる
□ **elbow** 名 ひじ
□ **stiff** 形 硬い
□ **friendly** 形 親善の
□ **match** 名 試合
□ **forehand volley** フォアハンドボレー
□ **crack** 自 ボキッと音がする
□ **regularly** 副 定期的に
□ **cycling** 名 サイクリング
□ **safari park** 動物公園
□ **plastic surgery** 美容整形手術
□ **injure** 他 傷つける
□ **forcefully** 副 力強く
□ **recycle shop** リサイクルショップ

Questions 50-52

米 ▶ 加 ▶CD-2 59

50. 正解：(D) ☆

解説 男性の最初の発言の２文目に「新しい仕様を工場に送って、マネージャーのサムに状況を説明してください」とある。したがってサムの職業は工場のマネージャー、つまり (D) が正解である。文中の design「デザイン」や drive「運転する」の語から (A)、(B) などに誤答しないよう注意。

51. 正解：(A) ☆☆

解説 男性が後半の発言で「生産が午後3時にスタートすることになっている」と言っている。２人は新製品の洗濯機について話しているので、３時に予定されていることは「新しいモデルの生産」である。(A) が正解。

52. 正解：(B) ☆☆☆

解説 女性が後半で I will send the new specs, and then drive out ～と言っている。drive は「運転する」の意の動詞。運転して工場に向かうとすると、正解は (B) の By car である。

スクリプト

M: Sara, they have changed the specifications on the new washing machine model. I need you to send the specs to the manufacturing plant and then go and explain the situation to Sam, the manager.

W: All right, do you need this done right away?

M: Definitely, the production is due to start at 3:00 P.M. If they don't get these revised blueprints, they end up making the original design.

W: I will send the new specs, and then drive out to the plant to see Sam and explain everything to him.

スクリプトの訳

男性： サラ、この洗濯機の仕様が急に変更になったから、新しい仕様を工場に届けて工場長のサムに状況を説明してくれないか？

女性： 分かりました。急ぎですか？

男性： とても急いでいるんだ。製品工場の操業が午後3時から始まることになっていて、この改訂版が届かなければ、元のデザインで洗濯機を製造してしまうんだ。

女性： 急いで仕様を送って、車で工場長に全て説明しに行きます。

設問・選択肢の訳

50. サムの職業は何ですか。
(A) デザイナー
(B) 車のディーラー
(C) 電話交換手
(D) 工場長

51. 午後3時に何が予定されていますか。
(A) 新しいモデルの製造
(B) 新しくデザインされた車の告知
(C) 機械が床を掃除し始める
(D) サムが改訂版について説明し始める

52. 女性はどのようにして工場に行きますか。
(A) タクシーで
(B) 車で
(C) 飛行機で
(D) 徒歩で

ボキャブラリー

□ **specification** 名 仕様書
□ **washing machine** 洗濯機
□ **plant** 名 工場
□ **production** 名 生産
□ **due to** ～することになっている
□ **blueprint** 名 計画の詳細
□ **dealer** 名 業者
□ **factory** 名 工場
□ **announcement** 名 発表

Questions 53-55

英 ▶ 米　▶CD-2 60

53. 正解：(C)　☆☆

解説 女性は前半の発言で、Did you hear about the company policy? と言って「会社の方針」について述べている。したがって正解は (C)「会社の規則」である。会話文中の kick, drinking, building 等の語に惑わされ、他の選択肢に誤答しないように。

54. 正解：(B)　☆☆

解説 男性が前半の発言で禁煙について述べた後「たぶん飲酒を止めて健康になるべきだ」と言っているので、男性が禁煙、断酒を望んでいる理由は (B)「健康な体を享受するため」が正解。

55. 正解：(C)　☆☆☆

解説 男性の最後の発言に「明日病院の禁煙治療の予約を入れてある」とあるので男性が明日行くところは禁煙治療のためのクリニックである。したがって正解は (C)「医師のところに行く」である。I've already booked in ～の book は動詞で「予約する」の意。(B) の「本を読む」と混同しないよう注意。

スクリプト

W: Good morning, Ron. Did you hear about the new company policy? As of next month, smoking will be prohibited inside the building.

M: Of course I know. I guess that gives me a reason to kick smoking. Maybe I should quit drinking and start trying to get fit.

W: Do you expect me to believe that? I've heard you say that a million times in the past.

M: You'll see. I've made up my mind. I've already booked in for a quit smoking treatment at a clinic tomorrow afternoon.

スクリプトの訳

女性： おはよう、ロン。新しい会社の方針について聞いた？　来月から建物の中では禁煙になるらしいわよ。

男性： もちろん知っているさ。それでやっと禁煙する理由ができると思うよ。たぶん、飲酒も止めて健康な体質になるべきだね。

女性： そんなこと私が信じると思っているの？　同じことを過去に何百万回も言っていたわよね。

男性： まあ、見ていてよ。もう決めたから。もう明日の午後には病院の禁煙治療の予約を入れてあるんだよ。

設問・選択肢の訳

53. 女性はどんなニュースについて述べていますか。
(A) プロサッカー選手
(B) 飲み会
(C) 会社の規則
(D) 建物の改築

54. 男性はなぜ喫煙、飲酒を止めたいのですか。
(A) 倹約するため
(B) 健康な体を享受するため
(C) シンプルな生活をするため
(D) 機会を得るため

55. 男性はおそらく明日何をしますか。
(A) 定期船に乗る
(B) 本を読む
(C) 医者の所に行く
(D) タバコを買う

ボキャブラリー

- □ **policy** 名 方針
- □ **smoking** 名 喫煙
- □ **prohibit** 他 禁止する
- □ **kick** 他 習慣を止める
- □ **fit** 形 体調が良い
- □ **mention** 他 話に出す
- □ **regulation** 名 規則
- □ **renovation** 名 改築
- □ **simple** 形 簡単な
- □ **opportunity** 名 機会
- □ **embark** 自 乗り込む
- □ **liner** 名 定期船
- □ **cigarette** 名 タバコ

Questions 56-58

豪 ▶ 加　▶CD-2 61

56. 正解：(B)　☆

解説 男性が最初に「来月の入社式について考える時期です」と言っており、それに対して女性が今年採用した新入社員が多いことを述べ、２人は人数や食事手配の確認をしている。正解は (B)「式典の準備」である。

57. 正解：(A)　☆☆

解説 女性が前半の発言で新入社員が多いことの追加情報として「新入社員の５人はインド出身だと聞きました」と言っているので、正解は (A)「何人かはインド出身だ」である。後半で男性は食事の話をしているがアレルギーの話をしているわけではないので (B) と誤答しないように注意。allergy「アレルギー」。

58. 正解：(D)　☆☆☆

解説 数字に関する問題。女性の前半の発言で I've also heard that 5 of the ～と聞こえるが、これはインド出身の新入社員の数。早とちりして (A)「５人」に解答しないように。女性が後半で「他にも50人の新入社員が式典に参加する」と言っているので、両方を足して55になる。したがって (D)「55人」が正解である。

スクリプト

M: It's definitely time to think about the company entrance ceremony planned for next month. The personnel department has hired a lot of new employees this year.

W: Yes, that's what I've heard, too. And I've also heard that 5 of the new employees are from India.

M: India? They must be our first ones. So the company has finally embarked on its global strategy. Do you think we should get the caterer for the ceremony to include some Indian dishes?

W: It might be a good idea, but I guess you should not bother thinking too much about the new foreign members. There will be 50 other new employees attending at the ceremony.

スクリプトの訳

男性： もうそろそろ、来月予定されている会社の入社式について考える時期です。人事部は今年沢山の新入社員を雇用したそうです。

女性： そうです。私もそう聞きました。新入社員の５人はインド出身だそうですよ。

男性： インドから？　それはわが社では初めてです。では、わが社はとうとうグローバル戦略に取り組み始めたのですね。何かインド料理を含んだ料理を提供してくれるような仕出し業者を予約するべきだと思いますか？

女性： それはいい考えです。しかし、新しい外国の社員にそんなに気をとられることもありませんよ。式典には他にもおよそ50人の新入社員が参加しますから。

設問・選択肢の訳

56. 会話は主に何についてですか。
 (A) 業務上の取引
 (B) 式典の準備
 (C) 外国の言語
 (D) メニューのレシピ

57. 新入社員の何人かは何が特別ですか。
 (A) 何人かはインド出身である
 (B) 何人かはアレルギーを持っている
 (C) 彼らは大学を出たばかりである
 (D) 彼らはグローバル市場に興味がある

58. およそ何人の従業員が当社に入社する予定ですか。
 (A) 5人
 (B) 15人
 (C) 40人
 (D) 55人

ボキャブラリー

- □ **entrance** 名 入ること
- □ **ceremony** 名 式典
- □ **hire** 他 雇う
- □ **India** 名 インド
- □ **global** 形 世界規模の
- □ **strategy** 名 戦略
- □ **caterer** 名 仕出し業者
- □ **attend** 自 出席する
- □ **transaction** 名 業務
- □ **menu** 名 メニュー
- □ **allergy** 名 アレルギー
- □ **fresh from** ～したての
- □ **marketing** 市場活動
- □ **approximately** 副 およそ
- □ **join** 他 加入する

Questions 59-61

米▶加 ▶CD-2 62

59. 正解：(B) ☆☆

解説 男性が最初の発言で「注文の品はどれくらい早く配達できますか?」と聞いている。したがって男性が心配していることは「配達の時期」であり、正解は (B) となる。

60. 正解：(A) ☆☆

解説 女性は前半の発言の3文目でフェルナンデス氏への宛て先が3件あり、その中のどれに送ればいいか聞いている。それに続く男性の後半の発言で「会社に送ってください」と応対しているので (A) の「男性の会社」が正解である。

61. 正解：(D) ☆☆☆

解説 新しい従業員に関しては男性の後半の発言から明らかになる。2文目、3文目から、会社に注文した商品を配送するのは、10月1日に働き始める新しい秘書のためであるので、正解は (D)「10月1日」となる。続いて出てくる9月30日の日付は彼の望む配送の期限であるので、数字だけを聞いて (C) を選ばないように。

スクリプト

M: Ms. Allen, how soon can you deliver our order?

W: It will take 1 or 2 weeks. By the way, Mr. Fernandez, where does this order need to be shipped? We have 3 addresses for the order: your business address, your retail shop and your home address.

M: Please send it to my company. I believe we ordered a computer desk and a filing cabinet for my new secretary. She starts on oct.1st. So, can you promise that you will deliver it by Sep.30st?

W: Just a minute, well.....we are closing early today, so we will be shipping the order tomorrow and it will be definitely be delivered around the middle of September.

スクリプトの訳

男性： アレン様、注文の品はどれくらい早く配達できますか?

女性： 1～2週間かかります。ところでフェルナンデス様、このご注文の品はどこに出荷したらよろしいでしょうか？　配送先の住所のご登録が3か所ありまして、あなたの会社の住所と小売店舗の住所、ご自宅の住所がございます。

男性： 私の会社に送ってください。我々が注文したのは、新しい秘書のためにパソコンデスクとファイルキャビネットです。彼女は10月1日に勤務し始めますので、9月30日までに配達していただけますか?

女性： 少々お待ちください。ええと、今日は早く業務を終わりにしますので、明日発送して、9月中旬に必ず配達するようにします。

設問・選択肢の訳

59. 男性は何を心配していますか。
(A) 箱の数
(B) 配達の時期
(C) 会社の場所
(D) ラベルのサイズ

60. 女性は注文の品をどこに送りますか。
(A) 男性のオフィス
(B) 小売店の一つ
(C) 男性のマンション
(D) 秘書の住所

61. 新しい従業員はいつ男性のオフィスで働き始めますか。
(A) 1週間以内
(B) 2週間以内
(C) 9月30日
(D) 10月1日

ボキャブラリー

- □ **deliver** 他 配達する
- □ **ship** 他 配送する
- □ **address** 名 住所
- □ **retail shop** 小売店
- □ **filing cabinet** 書類用キャビネット
- □ **location** 名 所在
- □ **label** 名 ラベル
- □ **secretary** 名 秘書

Questions 62-64

英 ▶ 豪　▶CD-2 63

62. 正解：(B)　☆☆

解説 女性の前半の発言の3文目、An engineer from the IT section is coming to ～の to 不定詞（～するために）の後にエンジニアが来る理由が分かる。～ to beef up security と言っているので「セキュリティーを強化するため」の (B) が正解である。beef up「強化する」の意。「ビーフステーキ」や「昼食」と間違えて (C) や (D) に誤答しないように注意しておこう。

63. 正解：(C)　☆☆☆

解説 先週起きたことは、女性の後半の発言から分かる。「研究開発部のコンピュータがウイルスに感染した」とあるので、本文の表現を言い換えた (C)Computers in another department were infected with a virus. が正解である。

64. 正解：(D)　☆☆☆

解説 男性の後半の発言、I hope the computer in our office are alright because ～. の後を集中して聞く。「コンピュータの中に慎重を要するデータがあるから」と言っているのでヘンリーがコンピュータの安全を願う理由は (D)「その中に重要な情報があるから」が正解。sensitive「注意を要する」。

スクリプト

W: Hi, Henry. Can you stay here during the lunch break? An engineer from the IT section is coming to beef up security.

M: That's fine with me. But, why do they need to strengthen security again? I thought we had new security software installed in all the computers just 3 month ago.

W: I heard that the Research and Development department had a virus in their computers last week. So the management has decided to check the entire system just as a precautionary measure.

M: Seriously? I hope the computers in our office are alright because I have put a lot of sensitive data on them. Yes, I am willing to help the engineer at lunch time.

スクリプトの訳

女性： ヘンリー、こんにちは。お昼休みにここに残っていてくれない？　IT部の技術者がセキュリティーを強化するために来るらしいのよ。

男性： いいですよ。でも、どうしてセキュリティーをもう一度強化する必要があるのでしょう？　たった3か月前に全てのコンピュータに新しいセキュリティーソフトをインストールしたと思います。

女性： 先週、研究開発部のコンピュータがウイルスに感染したと聞いたわよ。だから幹部が予防手段としてすべてのシステムを確認することに決めたそうだわ。

男性： 本当ですか？　私のオフィスのコンピュータには重要なデータをたくさん入れて

あるので、大丈夫であることを願います。そうですね、昼休みにその技術者を進んで手伝うようにします。

設問・選択肢の訳

62. IT部の男性はどうしてこのオフィスに来るのですか。
(A) ソフトウェアをインストールするため
(B) コンピュータの安全を強化するため
(C) ステーキを作るため
(D) ランチを食べるため

63. 先週何がありましたか。
(A) ヘンリーはこの女性と食事をした。
(B) 技術者がセキュリティーソフトをインストールした。
(C) 他の部署のコンピュータがウイルスに感染した。
(D) 幹部が新しいコンピュータを買うことを決めた。

64. ヘンリーはどうして自分のコンピュータが安全であることを願っているのですか。
(A) 彼は技術者を助けたいから。
(B) 女性は彼をからかっているから。
(C) 彼はコンピュータを使用するのに気を使いすぎだから。
(D) 彼の重要な情報がその中にあるから。

ボキャブラリー

☐ **beef up** 強化する
☐ **security** 名 警備
☐ **strengthen** 他 強くする
☐ **install** 他 取り付ける
☐ **research and development** 研究開発
☐ **virus** 名 ウイルス
☐ **entire** 形 全体の
☐ **precautionary measure** 予防措置
☐ **sensitive** 形 注意を要する
☐ **IT** 情報技術（information technolofy）
☐ **steak** 名 ステーキ
☐ **infect** 他 伝染させる
☐ **cautious** 形 用心深い

Questions 65-67

加 ▶ 豪 ▶CD-2 64

65. 正解：(A) ☆☆

解説 男性が女性の発言を受けて、前半の3文目より「8台注文したら1台あたりいくらですか?」と値段を聞いている。続く後半のやりとりも値段や値引きの話をしているので正解は (A)「新商品の値段」である。会話文中に数字が出てくるが、「統計」や「為替相場」の話ではないので (C), (D) の選択肢に惑わされないよう注意。

66. 正解：(C) ☆☆☆

解説 女性の後半の発言、But if you order more than 10 の後に集中する。We can give you a discount of 20 percent. と言っているので10台以上注文すると20%の値下げが適応される。したがって正解は (C) 20%である。

67. 正解：(B) ☆☆

解説 男性が最後の文で「大きな買い物なので、少し時間をください」と言っていることから、この後、機械の購入について検討すると思われる。したがって (B) Consider to purchase the machines が正解である。

スクリプト

W: So, that is the basic explanation of our new product. What do you think?

M: It sounds good to me. Setting up the latest game machine in our main entrance will attract younger customers. If we order 8 units, how much will the price for each machine be?

W: $25,000 for each machine. But if you order more than 10, we can give you a discount of 20 percent.

M: Oh, I see. If that's so, we will be paying around $20,000 per unit. That makes a total of $200,000 for 10 game machines. Well....we have 10 amusement parlors throughout the metropolitan area. We can consider setting up the latest unit for each parlor. As it is a major purchase for us, I'll need some time to think it over.

スクリプトの訳

女性： これが私どもの新製品の基本説明でございますが、いかがでしょうか？

男性： いいと思いますよ。最新のゲーム機をメインエントランスに置くことで若い人たちへのアピールになるでしょう。8台注文したら1台あたりおいくらになりますか。

女性： 1台2万5,000ドルです。しかし10台以上のご注文で20%の割引になります。

男性： なるほど。それなら1台当たり2万ドルになりますね。10台で20万ドルか。我々は首都圏に10棟の娯楽ビルを所有しております。それぞれのビルに最新機を設置することを考えましょう。これは大きな買い物なので、考えるために時間をいただきたいです。

設問・選択肢の訳

65. 話し手は何を相談していますか。

(A) 新製品の値段

(B) 機械の操作方法

(C) 人口統計

(D) 為替相場

66. 10機注文したら値下げの割合は何パーセントですか。

(A) 8%

(B) 10%

(C) 20%

(D) 25%

67. 男性は次に何をすると考えられますか。

(A) 手ごろな機械を探す

(B) この機械の購入を検討する

(C) 会議の時間を8時に決定する

(D) 正面扉を取り換える

ボキャブラリー

□ **attract** 他 引き付ける
□ **unit** 名 一式
□ **amusement** 形 娯楽の
□ **metropolitan area** 大都市圏
□ **purchase** 名 購入
□ **manipulation** 名 操作
□ **demographic statistics** 人口統計
□ **foreign exchange rate** 為替相場
□ **discount** 名 割引
□ **reasonable** 形 手ごろな
□ **front door** 正面扉

Questions 68-70

米 ▶ 英　▶CD-2 65

68. 正解：(B)　☆☆☆

解説 男性が前半の発言の2文目で「今朝、ニューヨーク株式市場が下落したと信じられる?」と聞いている。this morning? と聞こえたときにはもう、今朝の出来事について男性が言い終わっている。聞き逃さないように注意しよう。正解は (B) 株価が急落した。文中の stock「株」「在庫品」、plunge「急落する」などの語から (A), (C) に誤答しないよう注意。

69. 正解：(C)　☆☆☆

解説 男性の前半、3文目で「長期保有していた株を売却するべきだ」と提案している。正解は (C) 株を売却する。文中に share「株」、hold「保有する」などの語があり、(B), (D) への誤答を誘っている。

70. 正解：(A)　☆☆

解説 女性が最後に I'm sure business will pick up eventually. と言っている。「景気が良くなる」と思っているので、彼女の態度は「楽観的」と言えるだろう。したがって (A)「前向き」が正解。

スクリプト

M: Hi, Cindy. Can you believe that the New York stock market just plunged 150 points this morning? I really think you should sell the stocks you have been holding for such a long time.

W: Absolutely not! Leave me out of it. The petroleum industry is rarely affected by market fluctuations.

M: You don't by any chance think oil shares will go up soon, do you? In fact, a lot of investors are incuring a huge loss as a result of sagging economy.

W: I always make it a rule to make an investment on a long term basis. I'm sure business will pick up eventually.

スクリプトの訳

男性： シンディー。ニューヨークの株価が今朝150ポイントも下落したって信じられるかい？　本当に君が長年保有していた株を売却するべきだと思うよ。

女性： 絶対にないわ！　私を巻き込まないでちょうだい。石油業界は景気動向には影響されないのよ。

男性： まさか、石油株がすぐに値上がりするなんて思っていないよね？　多くの投資家が下降景気によって大きな損失を被っているんだよ。

女性： 私は長期的に見て投資をするようにしているのよ。景気は徐々に回復するにちがいないわ。

設問・選択肢の訳

68. 今朝、株式市場で何が起きましたか。

(A) その店の在庫が不足した。
(B) 株価が急落した。
(C) 気温が15℃以下に下がった。
(D) ある株の値段が上がった。

69. 男性は女性に何をするように促していますか。

(A) 自分を信じる
(B) 彼女の財産を分配する
(C) 株を売却する
(D) 会議を行う

70. 経済状況に対して女性はどのような態度を示していますか。

(A) 前向き
(B) 不確実
(C) 悲観的
(D) 困窮状態

ボキャブラリー

- ☐ **plunge** 自 急落する
- ☐ **absolutely not** 絶対にない
- ☐ **petroleum industry** 石油産業
- ☐ **rarely** 副 滅多に～ない
- ☐ **fluctuation** 名 変動
- ☐ **share** 名 株
- ☐ **sag** 自 下がる
- ☐ **make it a rule to** ～することにしている
- ☐ **term** 名 期間
- ☐ **plummet** 自 落ち込む
- ☐ **property** 名 財産
- ☐ **economic situation** 経済状況
- ☐ **pessimistic** 形 悲観的な
- ☐ **distressed** 形 悩んでいる

Questions71-73

米 CD-2 66

71. 正解：(B) ☆☆

解説 冒頭の主語が recipients「受賞者」から始まっている。直訳すると「トップカンパニーアワードの受賞者は様々な業種から来ている」とあり、(B) The type of firms that receive it が正解。数字に関する言及があるが、アヴィン社の過去の実績やエネルギー需要に関する数値であるので (A) と誤答しないよう注意。

72. 正解：(D) ☆☆☆

解説 前半でアヴィン社の規模や成長について述べられているが、ポイントは5文目、the reason Avin has won the award this year is because ～の後である。「受賞の理由はクリーンでネイチャーフレンドリーな造船に取り組んできたこと」と言っているので、「環境保全の促進」の意である (D) It helps protect the environment. を正解に選ぶ。

73. 正解：(C) ☆☆☆

解説 7文目に Next とあるのでこの後に集中する。say a few words は「少し話をする」の意。「CEOのエリス・ドーシーが少しお話しします」と言っているので、聞き手が次に話を聞くのはCEOであり、これを言い換えた (C) A senior executive が正解である。

スクリプト

Questions 71 through 73 refer to the following speech.

Recipients of the Top Company Award come from all sorts of industries, from insurance to biotechnology. This year, our panel of experts is pleased to present it to Avin Corporation. As most of you know, Avin is one of the largest ship manufacturers in the world. It has averaged 18 percent annual growth for over a decade making cargo, cruise, and other types of vessels. Yet, the reason Avin has won the award this year is because it has made a strong commitment to clean, nature-friendly manufacturing that consumes lower amounts of traditional energy resources such as coal or oil. At its newest shipyard in Guangzhou, for example, over 5 percent of the total energy needs are met by solar and wind power. Next, Avin CEO Elise Dorsey will say a few words as she accepts the award on behalf of the company.

スクリプトの訳

設問 71 ～ 73 は次のスピーチに関するものです。

トップカンパニーアワードは保険業からバイオテクノロジーまで様々な業種が受賞されてきました。今年、我が専門審査委員会はこの賞をアヴィンコーポレーションに授けることを大変光栄に思います。ご存知のように、アヴィン社は世界で最も大手の造船業の一つであります。貨物、遊覧船、他種、船を製作し、過去10年以上で平均18％の年次成長を遂げてきました。しかしながら、アヴィン社が今年、受賞となった理由は、石炭や石油などの伝統的なエネルギー資源の消費量を少なく抑えた、クリーンで自然にやさしい造船に積極的に取り組んできたことが理由です。例えば、広州にある当社の最新の造船所では全エネルギー需要のうち5％以上が太陽エネルギー、風力エネルギーによって賄われています。では、次にアヴィン社の代表取締役エリス・ドーシー氏が当社の代表として皆様方に受賞のごあいさつをします。

設問・選択肢の訳

71. トップカンパニーアワードのどんな特徴が挙げられていますか。
(A) 過去に受賞が行われた年数
(B) 受賞する企業の業種
(C) 審査委員会の選考のプロセス
(D) 授賞式の行われる環境

72. アヴィン社はなぜ今年受賞したのですか。
(A) 急速に成長したから。
(B) 従業員に好まれたから。
(C) 高品質の製品を製造したから。
(D) 環境保全を促進したから。

73. 聞き手は次に誰の話を聞きますか。
(A) 造船所の技術者
(B) 産業アナリスト
(C) 会社の役員
(D) エネルギーの専門家

ボキャブラリー

□ **recipient** 名 受賞者
□ **biotechnology** 名 生物工学
□ **expert** 名 専門家
□ **annual growth** 年次成長
□ **cargo** 名 貨物
□ **vessel** 名 船
□ **coal** 名 石炭
□ **solar power** 太陽エネルギー
□ **on behalf of** 〜の代表として
□ **favor** 他 好む
□ **sort** 名 種類
□ **panel** 名 委員会
□ **average** 他 〜の平均となる
□ **decade** 名 10年間
□ **cruise** 名 遊覧船
□ **nature-friendly** 自然に優しい
□ **shipyard** 名 造船所
□ **wind power** 風力エネルギー
□ **selection** 名 選考
□ **specialist** 名 専門家

Questions74-76

加 ▶CD-2 67

74. 正解：(B) ☆☆☆

解説 Part 4 のニュースレポートでは最初に概要について伝えられることが多い。ここでは1文目の In business news today の直後を聞くと報告の内容が分かる。「サーレ社の発表ではイスラマバードにコールセンターの建設を開始します」とあるので「（新しい）サービス展開」の意の (B) Development of a service が正解となる。

75. 正解：(C) ☆☆☆

解説 2文目は The center will handle ～で始まり、The center は前出の「イスラマバードの施設」を指している。この後に施設の機能が分かる内容が出てくると予測し、集中しよう。施設が扱う内容は「電話、メールによる質問などの顧客対応」とあるので、正解は (C) Solving retail problems である。

76. 正解：(B) ☆☆☆

解説 5文目の Mr. Gould said の後にグールド氏の話した内容がくるはず。shareholders は「株主」。グールド氏は「ほとんどの株主が大変協力的だ」と言っている。したがってグールド氏による、会社の計画に賛成しているのは「株主」の意の (B) Stock owners である。

スクリプト

Questions 74 through 76 refer to the following news report.

In business news today, Montreal-based Sallar Furniture Corporation announced it would begin construction of a new customer call management center in Islamabad. The center will handle customer telephone, e-mail, and Internet chat communications, questions or complaints for all English-speaking customers worldwide. In an interview with the business press, spokesperson Evan Gould stated it would cost about 60 million Canadian Dollars to build the complex but over time the company would experience cost savings through centralizing customer service. Although some experts expressed doubts about the plan, Mr. Gould said that most company shareholders were strongly supportive.

スクリプトの訳

設問 74 ～ 76 は次のニュース報道に関するものです。

今日のビジネスニュースです。モントリオールに拠点を持つサーレファーニチャー社がイスラマバードのお客様コール管理センターの建設の開始を発表しました。この管理センターでは全世界の顧客への英語での電話、電子メール、インターネットのチャットによる連絡事項、質問、苦情処理などの対応にあたります。マスコミのインタビューでスポークスマンのエヴァン・グールドが明らかにしたことは、この施設建設におよそ6,000万カナダドルが費やされますが、後にサーレ社は顧客サービスを中心におくことによるコスト削減に努めるとのことです。この計画に疑問を持っている専門家が何人かいるものの、グールド氏によると、株主は概ね大変協力的だということです。

設問・選択肢の訳

74. 報告は主に何に関するものですか。
(A) 新しい小売店舗を着手すること
(B) サービスの開発
(C) 企業イメージの変更
(D) 情報技術の研究

75. 報告によると、イスラマバードの施設の機能はどのようなものになりますか。
(A) メディア関連の対応
(B) 新人研修
(C) 小売店の問題の解決
(D) 多種通貨の管理

76. エヴァン・グールドによると、誰が企業の計画を支援していますか。
(A) カナダの高官
(B) 株主
(C) 業界の専門家
(D) 顧客

ボキャブラリー

☐ **handle** 他 扱う
☐ **complaint** 名 苦情
☐ **worldwide** 副 世界中で
☐ **interview** 名 インタビュー
☐ **state** 他 はっきり述べる
☐ **saving** 名 節約
☐ **centralize** 他 中心に集める
☐ **doubt** 名 疑い
☐ **supportive** 形 協力的な
☐ **rebranding** 名 企業イメージの変更
☐ **currency** 名 通貨
☐ **stock** 名 株

Questions 77-79

豪 ▶CD-2 68

77. 正解：(A) ☆☆☆

解説 このアナウンスは後半まで誰に向けられたものかはっきりとしない。しかしデンビーがファッションで人気のある店であることが1文目、カードを持っているとさらに安値になることが2文目で分かる。3文目で子供服の分野に着手したニュースを発表しているので、正解は (A) A new product line である。

78. 正解：(B) ☆☆☆

解説 5文目の～ customers are guaranteed ～の後を聞くと顧客が何を保障されているかが分かるので集中して聞こう。～ the right to return any garment ～とあり、「満足のいかない商品を返品できる」と分かる。したがって (B) The right to take back any product が正解となる。

79. 正解：(D) ☆☆☆

解説 6文目の We invite everyone in the store to ～でこの案内が店舗のお客様に向けられたものだと推測でき、同時にこの後を聞くと購買客が勧められている内容が分かる。「6階の新しい商品の売り場に足を運んでください」と案内されているので、正解は (D) Browse offerings in a section である。browse は「気ままに見る」の意。

スクリプト

Questions 77 through 79 refer to the following announcement.

Shoppers have turned to Denby's for years for all sorts of men's and women's fashions. Shoppers who are store cardholders have enjoyed additional savings on our everyday low prices. Now, due to popular demand, we have launched a children's wear section. Specializing in items for those aged 3 to 14, it offers durable apparel that won't wear out easily but still fit within the ordinary family budget. All of these are of the highest possible quality but, as with all of our goods, customers are guaranteed the right to return any garment that they are dissatisfied with inside of 30 days for a full refund. We invite everyone in the store to visit the new selection on the sixth floor to see exactly what we have. With a new school year approaching, this may be the perfect time to get shirts, pants or socks for your boy or girl. Let one of our trained sales assistants help you get the right outfit today!

スクリプトの訳

設問 77 ～ 79 は次のアナウンスに関するものです。

お買い物のお客様方は何年もの間、メンズ、レディースファッションアイテムを求めてデンビーに注目しています。ショップのカードをお持ちの方はいつも通りの安値を享受し、節約を楽しんでいます。今回、皆様からの強い要望によりわが社は子供服の分野に乗り出しました。特に3歳から14歳までの商品を専門に、簡単には傷まないような、耐久性のある、しかし一般家庭の予算に収まるような衣類を提供しています。これらの商品は考えられる限り最も高品質ではありますが、私どもの他の商品と同様に、お客様にお気に召さない商品を30日以内に全額返金で返品する権利を保障しております。ご来店の皆様、6階の新しい売り場に足を運んでいただくと実際の商品をご覧いただけます。新学期が始まる季節ですので、シャツ、パンツ、ソックスをお子様方にご準備するのには今がチャンスです。専門のセールスアシスタントがお客様のお求めになりたい商品を選ぶのにお手伝いしますのでお気軽にお申し付けください！

設問・選択肢の訳

77. この案内は主に何についてですか。
(A) 新しい商品ライン
(B) 季節のセール
(C) 装置の実演
(D) 店舗の図画

78. 案内によると全ての購買客が受けるものは何ですか。
(A) 最安値の補償
(B) 商品を返品する権利
(C) 無料の店のカード
(D) クーポン券

79. 聞き手は何をするように勧められていますか。
(A) 学校の使用文具を購入すること
(B) オンラインでの購入サイトをみること
(C) 衣類をギフト用包装してもらうこと
(D) 店舗の一部で商品を見て歩くこと

ボキャブラリー

- □ **cardholder** 名 カード会員
- □ **launch** 他 着手する
- □ **apparel** 名 衣類
- □ **garment** 名 衣服
- □ **outfit** 名 服装一式
- □ **drawing** 他 撤退
- □ **stationery** 名 文房具
- □ **browse** 他 商品をぶらぶら見て歩く
- □ **low price** 低価格
- □ **durable** 形 耐久性のある
- □ **guarantee** 他 保証する
- □ **approach** 自 近づく
- □ **appliance** 名 装置
- □ **coupon** 名 クーポン
- □ **gift-wrapped** 贈り物用に包装された

テスト3

Questions 80-82

英 ▶CD-2 69

80. 正解：(A) ☆☆

解説 冒頭から「リンソンプロビンス銀行が発表したことは商業用貸付を7～9％増加させること」という内容で始まっている。lending は「貸付」の意。数値も1文目に含まれており、このレポートの主旨は「財政上の数値目標について」だと分かる。つまり (A) Financial targets が正解。

81. 正解：(B) ☆☆☆

解説 Andrea Tong という名前は4文目で初めて出てくる。名前の直後に Andrea Tong, a regular contributor to the West Avenue Journal, pointed out ～と同格でアンドレアの役職説明がある。「ジャーナルへの定期的な執筆者であるアンドレアが指摘したことは～」と言っているので、「業界のコメンテーター」の意である (B) An industry commentator が正解である。

82. 正解：(C) ☆☆☆

解説 4文目の後半に専門家が業界紙で指摘した内容について触れており、～ Linson faces more competition from several new banks ～の箇所から「リンソン銀行が今後、資本の大きないくつかの銀行との競争に直面する」と分かる。正解は (C) Rivals are significantly larger である。

スクリプト

Questions 80 through 82 refer to the following news report.

The Linson Province Bank today announced it expects to increase commercial lending by 7 to 9 percent over the next fiscal year. A statement on its web site stated that as the national economy improves, more businesses are seeking loans that it is well-positioned to provide. Some observers were cautious about whether Linson could indeed reach such a target. Andrea Tong, a regular contributor to the West Avenue Journal, pointed out in her article that Linson faces more competition from several new banks that have opened in the area, some of them with substantially more capital than Linson. On her own social media site, Ms. Tong wrote that she doubts Linson can increase its number of loans by more than 4 percent next year.

スクリプトの訳

設問 80 ～ 82 は次のニュース報道に関するものです。

本日リンソンプロビンス銀行は次年度に向けて、商業用の貸付の７～９％増を予想していると発表しました。ホームページ上の発表では国の経済状況が上向いているので多くの企業が、準備の整った融資を求めていると述べられています。リンソン社が本当に目標に達することができるのかどうかに関して慎重なオブザーバーも何人かおります。ウエスト・アヴェニュー・ジャーナル紙に定期的に執筆しているアンドレア・トング氏が記事で指摘したことは、リンソン社はこの地域にオープンした、実質的に資本がリンソン社よりも多いものも含む、いくつかの新しい銀行との競争にさらに直面するとのことでした。自身の社会、メディアサイトではトング氏はリンソン社が来年融資の数を４％以上増やせるかどうかについて疑問に思っていると書いていました。

設問・選択肢の訳

80. この報告は主に何についてですか。
(A) 財政上の目標
(B) 消費者の傾向
(C) 金融上の規制
(D) 施設の修繕

81. アンドレア・トングは誰だと思われますか。
(A) 広告制作者
(B) 業界のコメンテーター
(C) 国の政治家
(D) 銀行の幹部

82. 報告によると、リンソン銀行はどうして次の年に困難があると思われますか。
(A) 経済が下降するから。
(B) 貸付金利が下がるから。
(C) ライバルがリンソン銀行より、とても大きいから。
(D) メディア報道が否定的であるから。

ボキャブラリー

- □ **lending** 名 貸すこと
- □ **statement** 名 報告書
- □ **loan** 名 貸し付け金
- □ **well-positioned** よく準備のできている
- □ **contributor** 名 投稿家
- □ **substantially** 副 実質的に
- □ **trend** 名 傾向
- □ **renovation** 名 修繕
- □ **commentator** 名 コメンテーター
- □ **interest rate** 金利
- □ **media coverage** メディア報道

Questions 83-85

加　▶CD-2 70

83. 正解：(C)　☆☆☆

解説 1文目でメッセージが機械の注文についてであること、2文目に「通常は7日で届く注文の品が13日過ぎた現在も届いていない」と言っていることから、配送が遅れていることが分かる。したがって問題点は (C) A delivery is overdue. である。overdue は「遅れている」の意。

84. 正解：(B)　☆☆☆

解説 3文目の Nigel Frost, is supposed to ～の後を聞くとフロスト氏が何をすることになっているかが分かる。「商品が倉庫を出発したときに確認のメールを送る」と言っている。本文中の verify「確かめる」を confirm「確認する」と言い換えた (B) Confirm a departure が正解。

85. 正解：(C)　☆☆☆

解説 このメッセージは主に配送が遅れていることに関する報告と発送の催促に関するものであり、最後の7文目で特に話し手が憂慮している点について、不満を述べている。「今日は2回目の電話であることと、まだ電話を待っていること」がポイント。正解は (C) A response is being awaited. である。

スクリプト

Questions 83 through 85 refer to the following telephone message.

I'm Susan Shafton from Glo-T Enterprises, and I'm calling about an order of machinery that we placed with your company two weeks ago. Normally, those orders arrive within 7 business days but it's been 13 business days and they haven't come. Moreover, your shipping manager, Nigel Frost, is supposed to send us an e-mail to verify when our order leaves your warehouse; so far that hasn't happened. Please contact me as soon as you can. My phone number is 916-284-0187, extension 12. If I'm not in, please leave a voicemail. I'm particularly concerned about this situation because this is the second time I've called today. I'm still waiting on a reply.

スクリプトの訳

設問 83 ～ 85 は次の電話メッセージに関するものです。

Glo-T 社のスーザンシャフトンです。2週間前に御社にお願いした機械の注文に関してお電話しています。通常は、この種の注文商品は7営業日中に届くのですが、今回は13営業日が経過しており、まだ到着しておりません。さらには御社の配達部長のニゲル・フロスト氏は注文の商品を倉庫から出荷した際に我々に電子メールを送ることになっているはずですが、それも今日までのところ、まだいただいておりません。できるだけ早くお返事ください。私のデスクの番号は 916-284-0187 の、内線12番です。もし私が不在でしたら音声メールを残してください。今日2度目の電話をしておりますが、この状態なので非常に憂慮しております。ではさらにお返事をお待ちいたします。

設問・選択肢の訳

83. 問題は何ですか。
(A) 到着した商品が傷んでいた。
(B) 支払いが遅れている。
(C) 配送が遅れている。
(D) 情報が誤っている。

84. ニゲル・フロストは何をすることになっていますか。
(A) 配達を探す
(B) 出発を確認する
(C) 配達マネージャーに連絡をとる
(D) メールアドレスを与える

85. 電話をかけた人は特に何を心配していますか。
(A) デスクの電話が込み合っていること。
(B) 倉庫がいっぱいであること。
(C) 対応に時間がかかること。
(D) スケジュールが変更になったこと。

ボキャブラリー

□ **enterprise** 名 企業
□ **machinery** 名 機械
□ **verify** 他 確かめる
□ **warehouse** 名 倉庫
□ **extension** 名 内線電話
□ **voicemail** 名 音声メール
□ **particularly** 副 特に
□ **incorrect** 形 不正確な
□ **busy** 形 話し中で

Questions 86-88

米 ▶CD-2 71

86. 正解：(C) ☆☆☆

解説 3文目の最後に初めてticketとの音声が聞こえる。続く4文目に「それ(チケット)をもうオンライン購入したと思います」、5文目に「しかし、購入していない場合、機械でお求めください」とある。よって聞き手が今から購入するならば券売機で買うことが勧められている。正解は(C)のFrom a vending deviceとなる。vendは「売る」の意。

87. 正解：(A) ☆☆

解説 7文目はThis is a very special tour becauseと始まっているので、この後を聞くとこのツアーが特別である理由が分かる。「アシカショーに立ち寄ります」とあり、「ショー鑑賞を含む」の意の(A) It includes a performance. が正解である。

88. 正解：(D) ☆☆

解説 聞き手が最後に連れて行かれる場所は、最後の9文目がカギとなる。最後に～our final stop, the souvenir shopで文が終わっているので音声が頭に残りやすいだろう。正解はsouvenir shop「お土産屋」を言い換えた(D)のA storeである。

スクリプト

Questions 86 through 88 refer to the following talk.

Good afternoon. I'm happy to see that so many guests from the hotel decided to come on the Wonder Zoo Tour with us today. Before we begin, my assistant Jeanette will come around to collect your tickets. Hopefully, you already bought yours online. If you didn't, you can purchase them from one of the machines just behind us. We're going to see 14 different exhibits, including exotic creatures such as tigers and polar bears. This is a very special tour because we'll also stop by the seal show. We'll see them jump and dive through hoops; it's the most popular event at the zoo. After we finish that, we'll have lunch in the Garbo Café and then move on to our final stop, the souvenir shop.

スクリプトの訳

設問86～88は次のトークに関するものです。

こんにちは。ホテルに宿泊の多くの皆様がワンダー動物園ツアーに参加してくださり、大変嬉しく思います。ツアーを始める前に、アシスタントのジャネットが皆さんのところに行き、チケットを回収します。すでにオンラインでチケットをお求めのことと思いますが、もしお持ちでない場合、後ろの券売機でご購入いただくことも可能です。本日はトラやホッキョクグマなど外来の品種を含む14の展示をご覧いただきます。アシカショーもご覧いただくことになりますので、特別なツアーになることと思います。その中で動物園の最も有名なイベントであるアシカたちのジャンプや輪くぐり飛び込みもお楽しみいただきます。それが終了後、ガーボカフェでランチを楽しみ、最後にお土産屋に立ち寄りましょう。

設問・選択肢の訳

86. 聞き手はどのようにしてチケットを購入しますか。
(A) ホテルのフロント
(B) アシスタントから買う
(C) 券売機
(D) 動物園のオフィス

87. 話し手によると、どうしてこのツアーは特別なのですか。
(A) ショーの鑑賞が含まれているから。
(B) トラの檻に立ち寄るから。
(C) 動物園の新しいサービスだから。
(D) 無料のお土産が含まれているから。

88. 聞き手は最後にどこに案内されますか。
(A) アシカショー
(B) カフェ
(C) シャトルバスの停留所
(D) 店

ボキャブラリー

- □ **collect** 他 集める
- □ **hopefully** 副 うまくいけば
- □ **purchase** 他 購入する
- □ **exhibit** 名 展示
- □ **seal** 名 アシカ
- □ **dive** 自 飛び込む
- □ **hoop** 名 輪
- □ **souvenir** 名 土産
- □ **vend** 他 自動販売機で売る
- □ **cage** 名 檻

Questions 89-91

英 ▶CD-2 72

89. 正解：(D) ☆☆☆

解説 2文目でディーン氏は11月27日に来社する予定になっていたことが分かる。しかし予定変更があり、スケジュールを変更したいとの内容が4文目 we want to schedule you to come in on November 29 ～の箇所にある。したがってこのメッセージの目的は (D) To make a change。これが正解である。

90. 正解：(C) ☆☆

解説 このメッセージの聴き手、ディーン氏の会社の業務内容は2文目の your company's proposals for catering our company dinner ～より、他社の食事を準備する業務を含む企業であることが明らかになる。したがって (C) At a food service business が正解。

91. 正解：(B) ☆☆☆

解説 Ms.Cho has already ～の後を聞くとチョー氏がすでに行ったことに触れられている。集中して聞こう。後に続く～ looked over your company history and references を言い換えた (B) Reviewed credentials が正解。credential は「証明書」の意。

スクリプト

Questions 89 through 91 refer to the following telephone message.

Hello, my name is Belinda Castle from GS Law Corporation and this message is for Kyle Dean. Mr. Dean, you're supposed to come in on November 17 to discuss your company's proposals for catering our company dinner scheduled a few weeks from now. However, some sudden business overseas on that day has come up for Director Evelyn Cho. Since she won't be available to see you, we want to schedule you to come in on November 29 at 4:30 P.M. instead. Ms. Cho has already looked over your company history and references and looks forward to meeting you. Please call me back after you hear this; my direct line is 319-257-1216 or e-mail me at b.castle@gslaw.co.nz.

スクリプトの訳

設問 89 ～ 91 は次の電話メッセージに関するものです。

こんにちは。GS法律事務所のベリンダ・キャスルと申します。カイル・ディーン様への伝言です。弊社の数週間後の夕食調達についての御社からのご提案の件の打ち合わせでディーン様は11月17日にこちらにいらっしゃる予定でした。しかしその日程にはエブリン・チョー部長に急な海外業務が入りました。彼女はお会いすることができませんので、代わりに11月29日の午後4時30分にお越しいただくことはできますでしょうか？　チョー氏はすでに御社の社歴と参照事項について目を通させていただいており、ぜひディーン様にお会いしたいとのことです。このメッセージをお聞きになりましたらお電話をいただけますでしょうか？　直通番号は 319-257-1216、もしくはメールでのご連絡は b.castle@gslaw.co.nz. です。

設問・選択肢の訳

89. このメッセージの主な目的は何ですか。
(A) 議事日程を与えること
(B) 場所を説明すること
(C) スケジュールの質問
(D) 予定を変更すること

90. カイル・ディーンはおそらくどこで働いていますか。
(A) 法律事務所
(B) 政府機関
(C) 食品サービス業界
(D) 百貨店

91. チョー氏がすでに終えていることは何ですか。
(A) 参照書類を提出すること
(B) 証明書に目を通すこと
(C) 歴史の教科書を改訂すること
(D) 提案を却下すること

ボキャブラリー

□ **cater** 他 料理をまかなう
□ **reference** 名 参考事項
□ **direct** 形 直接の
□ **agenda** 名 議事日程
□ **credential** 名 証明書

Questions 92-94

豪 ▶CD-2 73

92. 正解：(D) ☆☆☆

解説 1文目の最後に internal auditors との音声が聞こえ、続く2文目は Their job was to ～で始まっていることから、この後に監査役の仕事内容が説明されていると推測しておこう。「監査の仕事は全体、特定の業務の改善策を示す」とある。したがって (D) To analyze corporate processes が正解。

93. 正解：(B) ☆☆☆

解説 5文目に Based on this と聞こえたときにはすでに、新しい方針がベースにしている内容の説明は4文目で終わっていることが分かる。聞いた英文の内容をしっかりと保持できているかどうかが求められる問題。4文目ではオフィス用品と家具の支出が他社と比較されていたはず。正解は (B) の Comparisons with other companies となる。

94. 正解：(D) ☆☆

解説 7文目、8文目からこの方針はペン、インク、カートリッジ、コンピュータの購入を制限するものではないと分かるので選択肢 (A)、(B)、(C) はすでに消去される。9文目に「家具の購入の際に承認が必要」とあるので「家具」の一つである (D) Desks が正解となる。

スクリプト

Questions 92 through 94 refer to the following excerpt from a meeting.

The report on the display above you is from the work the internal auditors carried out last quarter. Their job was to see how we could improve the way we do business overall and in specific divisions. They identified several areas where we could reduce costs. In their report, they noted that the total dollar amount of our office supplies and furniture expenses was 6.8 percent higher than many of our competitors. Based on this, the board of directors developed a new cost reduction policy regarding office materials. They want all departments to reduce costs in this area by at least 7.3 percent. This won't immediately interfere with purchases such as pens, paper, ink or toner cartridges. We'll also be allowed to purchase computers for employees. However, effective immediately, all future furniture purchases must be submitted to the board for approval.

スクリプトの訳

設問 92 ～ 94 は次の会議の抜粋に関するものです。

皆様の頭上の画面の報告は前四半期に監査役が実行した調査に基づいた資料によるものです。監査役は我々が全体、また特定の業務を行う方法の改善策を探しています。そして我々がコスト削減できるいくつかのエリアを特定しました。報告によると、オフィス用品と家具の支出が多くの同業他社と比較しドル建てで6.8％高くなっています。これを基に取締役会はオフィス用品に関する新たなコスト削減の指針を作成しました。全ての部署がオフィス用品のコストを少なくとも7.3％削減することが求められています。このことが急にペンや用紙、インク、トナーカートリッジの購入を妨げるわけではありません。従業員のためにパソコンを購入することもできますが、しかし、すぐに実行して欲しいことは、今後の家具の購入は全て委員会の承認が必要だということです。

設問・選択肢の訳

92. 話し手によると、内部監査役の目的は何ですか。
(A) 財政報告を改善すること
(B) 貯蓄額をたずねること
(C) 原材料の使用を削減すること
(D) 社内業務の検討をすること

93. 取締役の新しい方針は何に基づいていますか。
(A) 新しいオフィス家具のデザイン
(B) 他社との比較
(C) 賃金コストの増加
(D) 重要な備品の不足

94. この変化により、何がすぐに制限されますか。
(A) 鉛筆
(B) パソコン
(C) 用紙
(D) 机

ボキャブラリー
- □ **auditor** 名 監査役
- □ **expense** 名 支出
- □ **reduction** 名 削減
- □ **interfere** 自 妨げる
- □ **cartridge** 名 カートリッジ
- □ **saving** 名 預金
- □ **usage** 名 使用

Questions 95-97

加　▶CD-2 74

95. 正解：(B)　☆☆☆

解説 ベル・ケミカルがどこで推薦されたのかは、２文目 We are endorsed by ～の後を聞くと手がかりがつかめる。Forward Science Monthly が月刊誌だと即座に分からなくても which wrote in its September edition で「書かれた媒体」であること、そして「９月号」があることから月刊誌だと推測できる。正解は (B) の In a publication である。

96. 正解：(C)　☆☆

解説 ４文目に Our openings require individuals とあるのでこの後に集中する。「大学の学位が必要である」と言った後に様々な専攻分野が述べられている。正解は (C) Academic credentials である。

97. 正解：(B)　☆☆☆

解説 この広告文の後半では採用された際に勤務する場所、待遇などが説明されている。６文目では高い報酬が得られることが明らかになり、「報酬の中に自社株購入権が含まれている」とあるので、(B) Shares of the company が正解である。shares はここでは「株式」の意。

スクリプト

Questions 95 through 97 refer to the following advertisement.

Belle Plastics Corporation is not only a leading producer but a leading researcher in its field. We are endorsed by Forward Science Monthly, which wrote in its September edition that "Belle Chemical represents both business and technical excellence." Our management is now expanding our team. Our openings require individuals with university degrees in chemistry, math, engineering, computer science and numerous other majors. Those accepted into our company will work in one of our many advanced facilities located around the world. We offer highly competitive compensation terms, including stock options for some exceptional employees. You can view our current openings and apply at www.belleplas16.net/careers/. Be a part of a company that is shaping the future.

スクリプトの訳

設問 95 ～ 97 は次の広告に関するものです。

ベル・プラスチックは業界における主要な生産者であるだけでなく、主要な研究団体でもあります。フォワード・サイエンス・マンスリー誌が弊社を推薦してくれた内容が９月号に掲載されており、「ベル・ケミカルは営業状況も技術的にも優れている」と書かれていました。経営陣は我がチームを拡大しています。そのオープニングに関して化学、数学、技術、コンピュータサイエンス、その他多種の専攻分野の学位を持った人材が必要になります。わが社に採用された人材は世界中の最先端の施設に勤務していただきます。我々は特定の従業員への自社株購入権などを含む他社に負けない高い報酬を提供します。現在の募集と応募は www.belleplas16.net/careers/ を参照してください。わが社の一員になり未来を築いて行きましょう。

設問・選択肢の訳

95. 広告によるとベル・ケミカルはどこで推薦されましたか。
(A) 企業の授賞式
(B) 出版物
(C) 大学内
(D) 化学の会議

96. 応募条件として何が述べられていますか。
(A) 教師の経験
(B) 管理能力
(C) 学業証明書
(D) 転勤の意思

97. 特定の従業員には何が与えられますか。
(A) 旅行の機会
(B) 会社の株式
(C) 教育の機会
(D) ネット上での人物紹介

ボキャブラリー

- ☐ **leading** 形 主要な
- ☐ **endorse** 他 推薦する
- ☐ **edition** 名 ～版
- ☐ **technical** 形 機械技術の
- ☐ **chemistry** 名 化学
- ☐ **computer science** コンピューターサイエンス
- ☐ **numerous** 形 数多くの
- ☐ **major** 名 専攻科目
- ☐ **endorsement** 名 推薦
- ☐ **relocate** 自 転勤する
- ☐ **exceptional** 形 特別な

Questions 98-100

米 ▶CD-2 75

98. 正解：(C) ☆☆☆

解説 2文目に、メッセージを残している理由は「4月に送ったメールに追加事項があります」と言っているが、その追加事項の内容は4文目まで待ってから明らかになる。「我々はお客様のような購読希望者に割安レートを提供しています」とあるので、電話の目的は「サービスの宣伝」。したがって (C) が正解である。

99. 正解：(C) ☆☆☆

解説 2文目に「4月23日に送ったメール」とあり、その後の3文目は If you read that で始まっているのでこの後に4月23日に送ったメールの内容が話されると推測しよう。「主要5社内で当社の平均レートが最も安いことを示した表が添付されていた」と言っており、正解は (C) Pricing comparisons である。

100. 正解：(B) ☆☆☆

解説 Part 4 でも問題を先読みし、設問の箇所を待ってから落ち着いて文を聞く、というペースを保つことができれば正答率は上がるだろう。ここでも6文目の This exclusive deal will be available until May10 and ～ . の箇所が手がかりだと分かれば比較的、解答は容易になる。正解は (B) It is for a limited amount of time である。

スクリプト

Questions 98 through 100 refer to the voicemail message.

Hello, this is Frankie Lee, from STS Telecom Corporation. I'm calling to follow up on an e-mail we sent you on April 23 about our company. If you read that, you saw the attached chart showing how we have the lowest average rates of all five major telecom operators in the region. Beyond that, we're offering potential new subscribers like you a discount rate of only 67 dollars per month, guaranteed for 2 years. That package also includes mobile voice and Internet service. This exclusive deal will be available until May 10 and simply can't be found anywhere else. I hope you can call me or one of my colleagues back at 888-267-840. Alternatively, you could sign up directly online at www.stst50co.com/orders/. I hope you'll choose to take advantage of this offer.

スクリプトの訳

設問 98 ～ 100 は次のヴォイスメールメッセージに関するものです。

こんにちは。STSテレコムのフランキー・リーです。4月23日に当社に関して送付しましたメールに追伸事項があり、お電話しています。メールに添付した表に、当社が地域の主要5通信社でいかに平均レートが最安値になっているかが示されているのをご覧いただいていると思います。それ以外にもお客様のような、これからの購読希望者には1か月当たりたったの67ドルのディスカウントレートを2年補償で提供しています。この一括パックにはモバイルヴォイスとインターネットサービスが含まれています。この特別パッケージは5月10日までご利用可能で、もちろん他では決して同様の商品はございません。よろしければ888-267-840の私どものメンバーに折り返し電話いただけますでしょうか。もしくはオンラインでwww.stst50co.com/orders/まで直接お申込みいただくこともできます。この機会をぜひお見逃しなくご利用ください。

設問・選択肢の訳

98. このメッセージの主な目的は何ですか。
(A) 新しい特色の説明
(B) リニューアルの提案
(C) サービスの宣伝
(D) 問題への返答

99. メッセージによると4月23日のメールには何が含まれていましたか。
(A) レートの変更
(B) 支払いプラン
(C) 価格対比
(D) 顧客の志向表

100. この特別なサービスについて何が述べられていますか。
(A) このサービスが与えられるのは初めてである。
(B) 期間内だけのサービスである。
(C) ネット上でのみ利用できる。
(D) 5月10日以降のサービスである。

ボキャブラリー

- □ **attach** 他 添付する
- □ **telecom** 名 通信（telecommunication）
- □ **beyond** 前 ～を越えて
- □ **subscriber** 名 購読者
- □ **colleague** 名 同僚
- □ **take advantage of** 利用する
- □ **contain** 他 含む
- □ **preference** 名 好み
- □ **limit** 他 制限する
- □ **chart** 名 図
- □ **potential** 形 潜在的な
- □ **guarantee** 他 保証をする
- □ **alternatively** 副 その代わりに
- □ **feature** 名 特徴
- □ **rate** 名 レート
- □ **exclusive** 形 特別な

マークシートの使い方

テストを受けるときには、次ページからのマークシートを利用すれば、本試験のような臨場感をもって進められます。マークシートは切り離して使ってください。マークシートの裏には各テストの「スコアレンジ換算表」があります。

Test 1
マークシート

LISTENING SECTION

REGISTRATION NO. 受　験　番　号								

フ リ ガ ナ	
N A M E 氏　　名	

Part 1		Part 2						Part 3	
No.	ANSWER A B C D	No.	ANSWER A B C D	No.	ANSWER A B C D	No.	ANSWER A B C D	No.	ANSWER A B C D
1	Ⓐ Ⓑ Ⓒ Ⓓ	11	Ⓐ Ⓑ Ⓒ Ⓓ	21	Ⓐ Ⓑ Ⓒ Ⓓ	31	Ⓐ Ⓑ Ⓒ Ⓓ	41	Ⓐ Ⓑ Ⓒ Ⓓ
2	Ⓐ Ⓑ Ⓒ Ⓓ	12	Ⓐ Ⓑ Ⓒ Ⓓ	22	Ⓐ Ⓑ Ⓒ Ⓓ	32	Ⓐ Ⓑ Ⓒ Ⓓ	42	Ⓐ Ⓑ Ⓒ Ⓓ
3	Ⓐ Ⓑ Ⓒ Ⓓ	13	Ⓐ Ⓑ Ⓒ Ⓓ	23	Ⓐ Ⓑ Ⓒ Ⓓ	33	Ⓐ Ⓑ Ⓒ Ⓓ	43	Ⓐ Ⓑ Ⓒ Ⓓ
4	Ⓐ Ⓑ Ⓒ Ⓓ	14	Ⓐ Ⓑ Ⓒ Ⓓ	24	Ⓐ Ⓑ Ⓒ Ⓓ	34	Ⓐ Ⓑ Ⓒ Ⓓ	44	Ⓐ Ⓑ Ⓒ Ⓓ
5	Ⓐ Ⓑ Ⓒ Ⓓ	15	Ⓐ Ⓑ Ⓒ Ⓓ	25	Ⓐ Ⓑ Ⓒ Ⓓ	35	Ⓐ Ⓑ Ⓒ Ⓓ	45	Ⓐ Ⓑ Ⓒ Ⓓ
6	Ⓐ Ⓑ Ⓒ Ⓓ	16	Ⓐ Ⓑ Ⓒ Ⓓ	26	Ⓐ Ⓑ Ⓒ Ⓓ	36	Ⓐ Ⓑ Ⓒ Ⓓ	46	Ⓐ Ⓑ Ⓒ Ⓓ
7	Ⓐ Ⓑ Ⓒ Ⓓ	17	Ⓐ Ⓑ Ⓒ Ⓓ	27	Ⓐ Ⓑ Ⓒ Ⓓ	37	Ⓐ Ⓑ Ⓒ Ⓓ	47	Ⓐ Ⓑ Ⓒ Ⓓ
8	Ⓐ Ⓑ Ⓒ Ⓓ	18	Ⓐ Ⓑ Ⓒ Ⓓ	28	Ⓐ Ⓑ Ⓒ Ⓓ	38	Ⓐ Ⓑ Ⓒ Ⓓ	48	Ⓐ Ⓑ Ⓒ Ⓓ
9	Ⓐ Ⓑ Ⓒ Ⓓ	19	Ⓐ Ⓑ Ⓒ Ⓓ	29	Ⓐ Ⓑ Ⓒ Ⓓ	39	Ⓐ Ⓑ Ⓒ Ⓓ	49	Ⓐ Ⓑ Ⓒ Ⓓ
10	Ⓐ Ⓑ Ⓒ Ⓓ	20	Ⓐ Ⓑ Ⓒ Ⓓ	30	Ⓐ Ⓑ Ⓒ Ⓓ	40	Ⓐ Ⓑ Ⓒ Ⓓ	50	Ⓐ Ⓑ Ⓒ Ⓓ

Part 3				Part 4					
No.	ANSWER A B C D	No.	ANSWER A B C D	No.	ANSWER A B C D	No.	ANSWER A B C D	No.	ANSWER A B C D
51	Ⓐ Ⓑ Ⓒ Ⓓ	61	Ⓐ Ⓑ Ⓒ Ⓓ	71	Ⓐ Ⓑ Ⓒ Ⓓ	81	Ⓐ Ⓑ Ⓒ Ⓓ	91	Ⓐ Ⓑ Ⓒ Ⓓ
52	Ⓐ Ⓑ Ⓒ Ⓓ	62	Ⓐ Ⓑ Ⓒ Ⓓ	72	Ⓐ Ⓑ Ⓒ Ⓓ	82	Ⓐ Ⓑ Ⓒ Ⓓ	92	Ⓐ Ⓑ Ⓒ Ⓓ
53	Ⓐ Ⓑ Ⓒ Ⓓ	63	Ⓐ Ⓑ Ⓒ Ⓓ	73	Ⓐ Ⓑ Ⓒ Ⓓ	83	Ⓐ Ⓑ Ⓒ Ⓓ	93	Ⓐ Ⓑ Ⓒ Ⓓ
54	Ⓐ Ⓑ Ⓒ Ⓓ	64	Ⓐ Ⓑ Ⓒ Ⓓ	74	Ⓐ Ⓑ Ⓒ Ⓓ	84	Ⓐ Ⓑ Ⓒ Ⓓ	94	Ⓐ Ⓑ Ⓒ Ⓓ
55	Ⓐ Ⓑ Ⓒ Ⓓ	65	Ⓐ Ⓑ Ⓒ Ⓓ	75	Ⓐ Ⓑ Ⓒ Ⓓ	85	Ⓐ Ⓑ Ⓒ Ⓓ	95	Ⓐ Ⓑ Ⓒ Ⓓ
56	Ⓐ Ⓑ Ⓒ Ⓓ	66	Ⓐ Ⓑ Ⓒ Ⓓ	76	Ⓐ Ⓑ Ⓒ Ⓓ	86	Ⓐ Ⓑ Ⓒ Ⓓ	96	Ⓐ Ⓑ Ⓒ Ⓓ
57	Ⓐ Ⓑ Ⓒ Ⓓ	67	Ⓐ Ⓑ Ⓒ Ⓓ	77	Ⓐ Ⓑ Ⓒ Ⓓ	87	Ⓐ Ⓑ Ⓒ Ⓓ	97	Ⓐ Ⓑ Ⓒ Ⓓ
58	Ⓐ Ⓑ Ⓒ Ⓓ	68	Ⓐ Ⓑ Ⓒ Ⓓ	78	Ⓐ Ⓑ Ⓒ Ⓓ	88	Ⓐ Ⓑ Ⓒ Ⓓ	98	Ⓐ Ⓑ Ⓒ Ⓓ
59	Ⓐ Ⓑ Ⓒ Ⓓ	69	Ⓐ Ⓑ Ⓒ Ⓓ	79	Ⓐ Ⓑ Ⓒ Ⓓ	89	Ⓐ Ⓑ Ⓒ Ⓓ	99	Ⓐ Ⓑ Ⓒ Ⓓ
60	Ⓐ Ⓑ Ⓒ Ⓓ	70	Ⓐ Ⓑ Ⓒ Ⓓ	80	Ⓐ Ⓑ Ⓒ Ⓓ	90	Ⓐ Ⓑ Ⓒ Ⓓ	100	Ⓐ Ⓑ Ⓒ Ⓓ

Test 1　スコアレンジ換算表

素点レンジ	換算レンジ
96 − 100	485 − 495
91 − 95	455 − 490
86 − 90	415 − 470
81 − 85	360 − 425
76 − 80	315 − 375
71 − 75	300 − 350
66 − 70	270 − 320
61 − 65	235 − 280
56 − 60	215 − 260
51 − 55	190 − 230
46 − 50	170 − 210
41 − 45	145 − 190
36 − 40	115 − 160
31 − 35	80 − 135
26 − 30	55 − 100
21 − 25	40 − 75
16 − 20	25 − 60
11 − 15	15 − 50
6 − 10	10 − 35
1 − 5	5 − 20

●各 Test の自分の「素点」のレンジから、TOEIC リスニング・セクションのスコアのレンジが予測できます。目安としてご利用ください。

Test 2
マークシート

LISTENING SECTION

REGISTRATION NO. 受　験　番　号								

フ リ ガ ナ	
N A M E 氏　　名	

Part 1					Part 2															Part 3				
No.	ANSWER				No.	ANSWER				No.	ANSWER				No.	ANSWER				No.	ANSWER			
	A	B	C	D		A	B	C	D		A	B	C	D		A	B	C	D		A	B	C	D
1	Ⓐ	Ⓑ	Ⓒ	Ⓓ	11	Ⓐ	Ⓑ	Ⓒ	Ⓓ	21	Ⓐ	Ⓑ	Ⓒ	Ⓓ	31	Ⓐ	Ⓑ	Ⓒ	Ⓓ	41	Ⓐ	Ⓑ	Ⓒ	Ⓓ
2	Ⓐ	Ⓑ	Ⓒ	Ⓓ	12	Ⓐ	Ⓑ	Ⓒ	Ⓓ	22	Ⓐ	Ⓑ	Ⓒ	Ⓓ	32	Ⓐ	Ⓑ	Ⓒ	Ⓓ	42	Ⓐ	Ⓑ	Ⓒ	Ⓓ
3	Ⓐ	Ⓑ	Ⓒ	Ⓓ	13	Ⓐ	Ⓑ	Ⓒ	Ⓓ	23	Ⓐ	Ⓑ	Ⓒ	Ⓓ	33	Ⓐ	Ⓑ	Ⓒ	Ⓓ	43	Ⓐ	Ⓑ	Ⓒ	Ⓓ
4	Ⓐ	Ⓑ	Ⓒ	Ⓓ	14	Ⓐ	Ⓑ	Ⓒ	Ⓓ	24	Ⓐ	Ⓑ	Ⓒ	Ⓓ	34	Ⓐ	Ⓑ	Ⓒ	Ⓓ	44	Ⓐ	Ⓑ	Ⓒ	Ⓓ
5	Ⓐ	Ⓑ	Ⓒ	Ⓓ	15	Ⓐ	Ⓑ	Ⓒ	Ⓓ	25	Ⓐ	Ⓑ	Ⓒ	Ⓓ	35	Ⓐ	Ⓑ	Ⓒ	Ⓓ	45	Ⓐ	Ⓑ	Ⓒ	Ⓓ
6	Ⓐ	Ⓑ	Ⓒ	Ⓓ	16	Ⓐ	Ⓑ	Ⓒ	Ⓓ	26	Ⓐ	Ⓑ	Ⓒ	Ⓓ	36	Ⓐ	Ⓑ	Ⓒ	Ⓓ	46	Ⓐ	Ⓑ	Ⓒ	Ⓓ
7	Ⓐ	Ⓑ	Ⓒ	Ⓓ	17	Ⓐ	Ⓑ	Ⓒ	Ⓓ	27	Ⓐ	Ⓑ	Ⓒ	Ⓓ	37	Ⓐ	Ⓑ	Ⓒ	Ⓓ	47	Ⓐ	Ⓑ	Ⓒ	Ⓓ
8	Ⓐ	Ⓑ	Ⓒ	Ⓓ	18	Ⓐ	Ⓑ	Ⓒ	Ⓓ	28	Ⓐ	Ⓑ	Ⓒ	Ⓓ	38	Ⓐ	Ⓑ	Ⓒ	Ⓓ	48	Ⓐ	Ⓑ	Ⓒ	Ⓓ
9	Ⓐ	Ⓑ	Ⓒ	Ⓓ	19	Ⓐ	Ⓑ	Ⓒ	Ⓓ	29	Ⓐ	Ⓑ	Ⓒ	Ⓓ	39	Ⓐ	Ⓑ	Ⓒ	Ⓓ	49	Ⓐ	Ⓑ	Ⓒ	Ⓓ
10	Ⓐ	Ⓑ	Ⓒ	Ⓓ	20	Ⓐ	Ⓑ	Ⓒ	Ⓓ	30	Ⓐ	Ⓑ	Ⓒ	Ⓓ	40	Ⓐ	Ⓑ	Ⓒ	Ⓓ	50	Ⓐ	Ⓑ	Ⓒ	Ⓓ

Part 3										Part 4														
No.	ANSWER				No.	ANSWER				No.	ANSWER				No.	ANSWER				No.	ANSWER			
	A	B	C	D		A	B	C	D		A	B	C	D		A	B	C	D		A	B	C	D
51	Ⓐ	Ⓑ	Ⓒ	Ⓓ	61	Ⓐ	Ⓑ	Ⓒ	Ⓓ	71	Ⓐ	Ⓑ	Ⓒ	Ⓓ	81	Ⓐ	Ⓑ	Ⓒ	Ⓓ	91	Ⓐ	Ⓑ	Ⓒ	Ⓓ
52	Ⓐ	Ⓑ	Ⓒ	Ⓓ	62	Ⓐ	Ⓑ	Ⓒ	Ⓓ	72	Ⓐ	Ⓑ	Ⓒ	Ⓓ	82	Ⓐ	Ⓑ	Ⓒ	Ⓓ	92	Ⓐ	Ⓑ	Ⓒ	Ⓓ
53	Ⓐ	Ⓑ	Ⓒ	Ⓓ	63	Ⓐ	Ⓑ	Ⓒ	Ⓓ	73	Ⓐ	Ⓑ	Ⓒ	Ⓓ	83	Ⓐ	Ⓑ	Ⓒ	Ⓓ	93	Ⓐ	Ⓑ	Ⓒ	Ⓓ
54	Ⓐ	Ⓑ	Ⓒ	Ⓓ	64	Ⓐ	Ⓑ	Ⓒ	Ⓓ	74	Ⓐ	Ⓑ	Ⓒ	Ⓓ	84	Ⓐ	Ⓑ	Ⓒ	Ⓓ	94	Ⓐ	Ⓑ	Ⓒ	Ⓓ
55	Ⓐ	Ⓑ	Ⓒ	Ⓓ	65	Ⓐ	Ⓑ	Ⓒ	Ⓓ	75	Ⓐ	Ⓑ	Ⓒ	Ⓓ	85	Ⓐ	Ⓑ	Ⓒ	Ⓓ	95	Ⓐ	Ⓑ	Ⓒ	Ⓓ
56	Ⓐ	Ⓑ	Ⓒ	Ⓓ	66	Ⓐ	Ⓑ	Ⓒ	Ⓓ	76	Ⓐ	Ⓑ	Ⓒ	Ⓓ	86	Ⓐ	Ⓑ	Ⓒ	Ⓓ	96	Ⓐ	Ⓑ	Ⓒ	Ⓓ
57	Ⓐ	Ⓑ	Ⓒ	Ⓓ	67	Ⓐ	Ⓑ	Ⓒ	Ⓓ	77	Ⓐ	Ⓑ	Ⓒ	Ⓓ	87	Ⓐ	Ⓑ	Ⓒ	Ⓓ	97	Ⓐ	Ⓑ	Ⓒ	Ⓓ
58	Ⓐ	Ⓑ	Ⓒ	Ⓓ	68	Ⓐ	Ⓑ	Ⓒ	Ⓓ	78	Ⓐ	Ⓑ	Ⓒ	Ⓓ	88	Ⓐ	Ⓑ	Ⓒ	Ⓓ	98	Ⓐ	Ⓑ	Ⓒ	Ⓓ
59	Ⓐ	Ⓑ	Ⓒ	Ⓓ	69	Ⓐ	Ⓑ	Ⓒ	Ⓓ	79	Ⓐ	Ⓑ	Ⓒ	Ⓓ	89	Ⓐ	Ⓑ	Ⓒ	Ⓓ	99	Ⓐ	Ⓑ	Ⓒ	Ⓓ
60	Ⓐ	Ⓑ	Ⓒ	Ⓓ	70	Ⓐ	Ⓑ	Ⓒ	Ⓓ	80	Ⓐ	Ⓑ	Ⓒ	Ⓓ	90	Ⓐ	Ⓑ	Ⓒ	Ⓓ	100	Ⓐ	Ⓑ	Ⓒ	Ⓓ

Test 2　スコアレンジ換算表

素点レンジ	換算レンジ
96 − 100	485 − 495
91 − 95	460 − 490
86 − 90	420 − 475
81 − 85	365 − 430
76 − 80	315 − 375
71 − 75	300 − 350
66 − 70	270 − 320
61 − 65	230 − 275
56 − 60	210 − 255
51 − 55	190 − 230
46 − 50	170 − 210
41 − 45	145 − 190
36 − 40	115 − 160
31 − 35	80 − 135
26 − 30	55 − 100
21 − 25	40 − 75
16 − 20	25 − 60
11 − 15	15 − 50
6 − 10	10 − 35
1 − 5	5 − 20

●各 Test の自分の「素点」のレンジから、TOEIC リスニング・セクションのスコアのレンジが予測できます。目安としてご利用ください。

Test 3
マークシート

LISTENING SECTION

REGISTRATION NO. 受　験　番　号								

フ リ ガ ナ	
N A M E 氏　　名	

Part 1					Part 2															Part 3				
No.	ANSWER				No.	ANSWER				No.	ANSWER				No.	ANSWER				No.	ANSWER			
	A	B	C	D		A	B	C	D		A	B	C	D		A	B	C	D		A	B	C	D
1	Ⓐ	Ⓑ	Ⓒ	Ⓓ	11	Ⓐ	Ⓑ	Ⓒ	Ⓓ	21	Ⓐ	Ⓑ	Ⓒ	Ⓓ	31	Ⓐ	Ⓑ	Ⓒ	Ⓓ	41	Ⓐ	Ⓑ	Ⓒ	Ⓓ
2	Ⓐ	Ⓑ	Ⓒ	Ⓓ	12	Ⓐ	Ⓑ	Ⓒ	Ⓓ	22	Ⓐ	Ⓑ	Ⓒ	Ⓓ	32	Ⓐ	Ⓑ	Ⓒ	Ⓓ	42	Ⓐ	Ⓑ	Ⓒ	Ⓓ
3	Ⓐ	Ⓑ	Ⓒ	Ⓓ	13	Ⓐ	Ⓑ	Ⓒ	Ⓓ	23	Ⓐ	Ⓑ	Ⓒ	Ⓓ	33	Ⓐ	Ⓑ	Ⓒ	Ⓓ	43	Ⓐ	Ⓑ	Ⓒ	Ⓓ
4	Ⓐ	Ⓑ	Ⓒ	Ⓓ	14	Ⓐ	Ⓑ	Ⓒ	Ⓓ	24	Ⓐ	Ⓑ	Ⓒ	Ⓓ	34	Ⓐ	Ⓑ	Ⓒ	Ⓓ	44	Ⓐ	Ⓑ	Ⓒ	Ⓓ
5	Ⓐ	Ⓑ	Ⓒ	Ⓓ	15	Ⓐ	Ⓑ	Ⓒ	Ⓓ	25	Ⓐ	Ⓑ	Ⓒ	Ⓓ	35	Ⓐ	Ⓑ	Ⓒ	Ⓓ	45	Ⓐ	Ⓑ	Ⓒ	Ⓓ
6	Ⓐ	Ⓑ	Ⓒ	Ⓓ	16	Ⓐ	Ⓑ	Ⓒ	Ⓓ	26	Ⓐ	Ⓑ	Ⓒ	Ⓓ	36	Ⓐ	Ⓑ	Ⓒ	Ⓓ	46	Ⓐ	Ⓑ	Ⓒ	Ⓓ
7	Ⓐ	Ⓑ	Ⓒ	Ⓓ	17	Ⓐ	Ⓑ	Ⓒ	Ⓓ	27	Ⓐ	Ⓑ	Ⓒ	Ⓓ	37	Ⓐ	Ⓑ	Ⓒ	Ⓓ	47	Ⓐ	Ⓑ	Ⓒ	Ⓓ
8	Ⓐ	Ⓑ	Ⓒ	Ⓓ	18	Ⓐ	Ⓑ	Ⓒ	Ⓓ	28	Ⓐ	Ⓑ	Ⓒ	Ⓓ	38	Ⓐ	Ⓑ	Ⓒ	Ⓓ	48	Ⓐ	Ⓑ	Ⓒ	Ⓓ
9	Ⓐ	Ⓑ	Ⓒ	Ⓓ	19	Ⓐ	Ⓑ	Ⓒ	Ⓓ	29	Ⓐ	Ⓑ	Ⓒ	Ⓓ	39	Ⓐ	Ⓑ	Ⓒ	Ⓓ	49	Ⓐ	Ⓑ	Ⓒ	Ⓓ
10	Ⓐ	Ⓑ	Ⓒ	Ⓓ	20	Ⓐ	Ⓑ	Ⓒ	Ⓓ	30	Ⓐ	Ⓑ	Ⓒ	Ⓓ	40	Ⓐ	Ⓑ	Ⓒ	Ⓓ	50	Ⓐ	Ⓑ	Ⓒ	Ⓓ

Part 3										Part 4														
No.	ANSWER				No.	ANSWER				No.	ANSWER				No.	ANSWER				No.	ANSWER			
	A	B	C	D		A	B	C	D		A	B	C	D		A	B	C	D		A	B	C	D
51	Ⓐ	Ⓑ	Ⓒ	Ⓓ	61	Ⓐ	Ⓑ	Ⓒ	Ⓓ	71	Ⓐ	Ⓑ	Ⓒ	Ⓓ	81	Ⓐ	Ⓑ	Ⓒ	Ⓓ	91	Ⓐ	Ⓑ	Ⓒ	Ⓓ
52	Ⓐ	Ⓑ	Ⓒ	Ⓓ	62	Ⓐ	Ⓑ	Ⓒ	Ⓓ	72	Ⓐ	Ⓑ	Ⓒ	Ⓓ	82	Ⓐ	Ⓑ	Ⓒ	Ⓓ	92	Ⓐ	Ⓑ	Ⓒ	Ⓓ
53	Ⓐ	Ⓑ	Ⓒ	Ⓓ	63	Ⓐ	Ⓑ	Ⓒ	Ⓓ	73	Ⓐ	Ⓑ	Ⓒ	Ⓓ	83	Ⓐ	Ⓑ	Ⓒ	Ⓓ	93	Ⓐ	Ⓑ	Ⓒ	Ⓓ
54	Ⓐ	Ⓑ	Ⓒ	Ⓓ	64	Ⓐ	Ⓑ	Ⓒ	Ⓓ	74	Ⓐ	Ⓑ	Ⓒ	Ⓓ	84	Ⓐ	Ⓑ	Ⓒ	Ⓓ	94	Ⓐ	Ⓑ	Ⓒ	Ⓓ
55	Ⓐ	Ⓑ	Ⓒ	Ⓓ	65	Ⓐ	Ⓑ	Ⓒ	Ⓓ	75	Ⓐ	Ⓑ	Ⓒ	Ⓓ	85	Ⓐ	Ⓑ	Ⓒ	Ⓓ	95	Ⓐ	Ⓑ	Ⓒ	Ⓓ
56	Ⓐ	Ⓑ	Ⓒ	Ⓓ	66	Ⓐ	Ⓑ	Ⓒ	Ⓓ	76	Ⓐ	Ⓑ	Ⓒ	Ⓓ	86	Ⓐ	Ⓑ	Ⓒ	Ⓓ	96	Ⓐ	Ⓑ	Ⓒ	Ⓓ
57	Ⓐ	Ⓑ	Ⓒ	Ⓓ	67	Ⓐ	Ⓑ	Ⓒ	Ⓓ	77	Ⓐ	Ⓑ	Ⓒ	Ⓓ	87	Ⓐ	Ⓑ	Ⓒ	Ⓓ	97	Ⓐ	Ⓑ	Ⓒ	Ⓓ
58	Ⓐ	Ⓑ	Ⓒ	Ⓓ	68	Ⓐ	Ⓑ	Ⓒ	Ⓓ	78	Ⓐ	Ⓑ	Ⓒ	Ⓓ	88	Ⓐ	Ⓑ	Ⓒ	Ⓓ	98	Ⓐ	Ⓑ	Ⓒ	Ⓓ
59	Ⓐ	Ⓑ	Ⓒ	Ⓓ	69	Ⓐ	Ⓑ	Ⓒ	Ⓓ	79	Ⓐ	Ⓑ	Ⓒ	Ⓓ	89	Ⓐ	Ⓑ	Ⓒ	Ⓓ	99	Ⓐ	Ⓑ	Ⓒ	Ⓓ
60	Ⓐ	Ⓑ	Ⓒ	Ⓓ	70	Ⓐ	Ⓑ	Ⓒ	Ⓓ	80	Ⓐ	Ⓑ	Ⓒ	Ⓓ	90	Ⓐ	Ⓑ	Ⓒ	Ⓓ	100	Ⓐ	Ⓑ	Ⓒ	Ⓓ

Test 3　スコアレンジ換算表

素点レンジ	換算レンジ
96 − 100	490 − 495
91 − 95	475 − 490
86 − 90	425 − 480
81 − 85	370 − 435
76 − 80	320 − 380
71 − 75	305 − 355
66 − 70	275 − 325
61 − 65	235 − 280
56 − 60	215 − 260
51 − 55	195 − 235
46 − 50	175 − 215
41 − 45	150 − 195
36 − 40	120 − 165
31 − 35	85 − 140
26 − 30	60 − 105
21 − 25	45 − 80
16 − 20	30 − 65
11 − 15	20 − 55
6 − 10	15 − 40
1 − 5	5 − 20

●各 Test の自分の「素点」のレンジから、TOEIC リスニング・セクションのスコアのレンジが予測できます。目安としてご利用ください。

●スコアレンジ換算表の使い方については、
206 ～ 207 ページに説明があります。
利用法がわからない方は参照してください。

▶ ▶ ▶

▶スコア換算表の使い方

マークシートの裏にそれぞれのテストにおける換算表があります。リスニング・セクションの各正答数を合計して予想スコアを把握することができます。

ただし実際の TOEIC では、全受験者の得点をもとに統計処理を加えてスコアが算出されるようになっているため、この予想スコアは、おおよその目安として活用してください。

例 テスト 1 の素点が 41 から 45 のいずれかであれば、リスニング・セクションの換算点のレンジは「145 ～ 190 点」です。

Test 1　スコアレンジ換算表

素点レンジ	換算レンジ
96 − 100	485 − 495
91 − 95	455 − 490
86 − 90	415 − 470
81 − 85	360 − 425
76 − 80	315 − 375
71 − 75	300 − 350
66 − 70	270 − 320
61 − 65	235 − 280
56 − 60	215 − 260
51 − 55	190 − 230
46 − 50	170 − 210
41 − 45	145 − 190
36 − 40	115 − 160
31 − 35	80 − 135
26 − 30	55 − 100
21 − 25	40 − 75
16 − 20	25 − 60
11 − 15	15 − 50
6 − 10	10 − 35
1 − 5	5 − 20

▶手順

❶ テストをやり遂げたら、正解数を数え、下表の素点に記入します。

❷ マークシート裏にある各テストのスコア換算表を見てください。

❸ スコア換算表から素点に対応する換算点レンジを見つけ、下表に記入、予想スコアが一目で把握できるようになります。

	素　点	換算点レンジ
テスト 1		
テスト 2		
テスト 3		

●著者紹介

松本恵美子　Matsumoto Emiko

上智大学大学院博士前期課程修了（言語学、英語教授法）。

青山学院大学、駿台外語綜合学院、日米英語学院講師。大学生、ビジネスマンを対象とした資格試験対策を主に務める。指導科目は主にTOEIC900、730、550突破、英検1級、準1級、TOEFL iBT100、80突破コース。

著書に『新TOEIC® TEST　1分間マスター　リスニング編』『新TOEIC® TEST 1分間マスター　リーディング編』『新TOEIC® TEST必達550点リスニング編』『新TOEIC® TEST必達550点リーディング編』（日本経済新聞出版社）がある。趣味はテニスと一眼レフカメラ。

英文問題作成協力	クレイグ・ブラントリー
英文校正	バンフィアー・セバスチヤン
カバーデザイン	滝デザイン事務所
本文デザイン／DTP	江口うり子（アレピエ）
本文写真提供	松本恵美子　河合理恵 池上貴子　菊地舞子
CD録音・編集	財団法人 英語教育協議会（ELEC）
CD制作	高速録音株式会社

TOEIC® TEST　800点突破！ リスニング問題集

平成24年（2012年）3月10日　初版第1刷発行

著　者	松本恵美子
発行人	福田富与
発行所	有限会社　Jリサーチ出版 〒166-0002 東京都杉並区高円寺北2-29-14-705 電話 03(6808)8801（代） FAX 03(5364)5310 編集部 03(6808)8806 http://www.jresearch.co.jp
印刷所	株式会社シナノ・パブリッシング・プレス

ISBN978-4-86392-096-5　禁無断転載。なお、乱丁・落丁はお取り替えいたします。

©Emiko Matsumoto 2012 All rights reserved. Printed in Japan

TOEIC TEST
800点突破
リスニング問題集

問　題

CONTENTS

▶リスニングの鉄則

Part 1（写真描写問題） 10問

鉄則① 選択肢 (A)(B)(C)(D) を聞きながら「正解◎」「間違い ×」を一つずつ決める。

(A) ～ (D) の選択肢を聞きながらマークシートの正解と思われるマーク欄で鉛筆を止め、最後まで聞いて確認してから黒く塗りつぶすようにすると確実。

鉄則② 写真にないものは答えにならない。

写真に男性が一人だけ写っているのに主語が They や People の選択肢はただちに不正解とわかる。

鉄則③ 動詞の時制に着目し、主観的な憶測は不正解。

「過去形」「未来形」「主観的な感情を表す」選択肢はそもそも写真で表現することが難しいため、不正解の場合が多い。

Part 2（応答問題） 30問

鉄則① 設問の最初の語を必ず覚えておくこと。

Part 2 の設問で多いのが疑問詞 When/Where/What/Who/Why/How で始まる疑問文。何について尋ねられるのか注意深く聞くこと。

鉄則② 主語と動詞を聞き取ること。

疑問詞の次は主語と動詞を覚えておく。疑問詞には正しく対応していても主語や動詞が正しく対応していないパターンに惑わされないよう注意。

鉄則③ 設問と同じ、または発音の似ている単語が出てきたらトラップだと疑うこと。

選択肢には受験者を惑わすために設問に似た音の語が含まれことが多く、それは間違いである可能性が高い。

Part 3（会話問題）　30問

鉄則❶ 設問と選択肢を必ず先に読んでおく。

設問を最初に読んでおくことで聞き取りポイントの手がかりを把握し、重要箇所で集中力を高めるだけで効率良く得点を確保することができる。

鉄則❷ 答えがわかった順番に解答用紙に軽くしるしを入れておく。

ディレクション（出題形式を説明）が流れる時間を Q41 から Q43 まで3問の設問と選択肢を読む時間に充てる。あらかじめ読んでおいた設問と選択肢の内容を頭に描きながら会話を聞き、会話中に正解がわかった時点で解答用紙の該当箇所に軽くチェックを入れておく。

鉄則❸ リスニング中は解答用紙を黒く塗らない。

マークシートを黒く塗るのには1つに平均2〜3秒かかる。リスニング中はマークよりも次の設問を読むことにエネルギーを注ごう。黒く塗りつぶすのはリーディングセクションが始まって最短時間で Part 5、6 を終わらせたあと、集中力が少し切れた Part 7 の途中辺りで、休憩時間を自分に与えるつもりで1、2分でマークすることをお勧めする。

Part 4（説明文問題） 30問

鉄則① 設問と選択肢をあらかじめ読んでおく。

問題を先に読むことが重要なのは Part 3 の鉄則と同じ。Part 4 はさらに説明文が長くなるので先読みが必須。そうしないと、細かい内容をすべて聞き取り、覚えておいてから解答しなければならなくなる。

鉄則② 設問の順番に説明文も流れているのであきらめないこと。

一つの説明文にある3つの設問に対応するポイントはその順番どおりに説明文中に現われることがほとんど。1問目（Q71 など）は説明文全体に関する設問が多く、2問目（Q72 など）は具体的な内容や詳細が問われ、日時、場所、問題点、理由などが選択肢に並んでいることが多い。そして3問目（Q73 など）は説明文の最後の方に述べられることに関して問われることが多い。

鉄則③ 指示文から全体を予測。

Part 4 は一人の人物が一貫した内容を話しているため、頻出パターンを覚えておくと問題が比較的易しく、身近なものに感じられる。説明文の前に Question 71 through 73 refer to the following talk. との一文が流れ、この指示文の最後の一語から、説明文の種類が talk だとわかる。ほかに announcement、speech など指示文のバリエーションを把握しておこう。

テスト1

Part 1

▶CD-1 2

1.

Ⓐ Ⓑ Ⓒ Ⓓ

2.

Ⓐ Ⓑ Ⓒ Ⓓ

▶CD-1 3

3.

Ⓐ Ⓑ Ⓒ Ⓓ

4.

Ⓐ Ⓑ Ⓒ Ⓓ

⇒Go on to the next page

▶CD-1 4

5.

Ⓐ Ⓑ Ⓒ Ⓓ

6.

Ⓐ Ⓑ Ⓒ Ⓓ

▶CD-1 5

7.

Ⓐ Ⓑ Ⓒ Ⓓ

8.

Ⓐ Ⓑ Ⓒ Ⓓ

⇒Go on to the next page

CD-1 6

9.

Ⓐ Ⓑ Ⓒ Ⓓ

10.

Ⓐ Ⓑ Ⓒ Ⓓ

Part 2

CD-1 7-11

11. Mark your answer on your answer sheet. Ⓐ Ⓑ Ⓒ Ⓓ

12. Mark your answer on your answer sheet. Ⓐ Ⓑ Ⓒ Ⓓ

13. Mark your answer on your answer sheet. Ⓐ Ⓑ Ⓒ Ⓓ

14. Mark your answer on your answer sheet. Ⓐ Ⓑ Ⓒ Ⓓ

15. Mark your answer on your answer sheet. Ⓐ Ⓑ Ⓒ Ⓓ

⇒Go on to the next page

CD-1 12-16

16. Mark your answer on your answer sheet. Ⓐ Ⓑ Ⓒ Ⓓ

17. Mark your answer on your answer sheet. Ⓐ Ⓑ Ⓒ Ⓓ

18. Mark your answer on your answer sheet. Ⓐ Ⓑ Ⓒ Ⓓ

19. Mark your answer on your answer sheet. Ⓐ Ⓑ Ⓒ Ⓓ

20. Mark your answer on your answer sheet. Ⓐ Ⓑ Ⓒ Ⓓ

CD-1 17-21

21. Mark your answer on your answer sheet. Ⓐ Ⓑ Ⓒ Ⓓ

22. Mark your answer on your answer sheet. Ⓐ Ⓑ Ⓒ Ⓓ

23. Mark your answer on your answer sheet. Ⓐ Ⓑ Ⓒ Ⓓ

24. Mark your answer on your answer sheet. Ⓐ Ⓑ Ⓒ Ⓓ

25. Mark your answer on your answer sheet. Ⓐ Ⓑ Ⓒ Ⓓ

▶CD-1 22-26

26. Mark your answer on your answer sheet. Ⓐ Ⓑ Ⓒ Ⓓ

27. Mark your answer on your answer sheet. Ⓐ Ⓑ Ⓒ Ⓓ

28. Mark your answer on your answer sheet. Ⓐ Ⓑ Ⓒ Ⓓ

29. Mark your answer on your answer sheet. Ⓐ Ⓑ Ⓒ Ⓓ

30. Mark your answer on your answer sheet. Ⓐ Ⓑ Ⓒ Ⓓ

▶CD-1 27-31

31. Mark your answer on your answer sheet. Ⓐ Ⓑ Ⓒ Ⓓ

32. Mark your answer on your answer sheet. Ⓐ Ⓑ Ⓒ Ⓓ

33. Mark your answer on your answer sheet. Ⓐ Ⓑ Ⓒ Ⓓ

34. Mark your answer on your answer sheet. Ⓐ Ⓑ Ⓒ Ⓓ

35. Mark your answer on your answer sheet. Ⓐ Ⓑ Ⓒ Ⓓ

⇒Go on to the next page

▶CD-1 32-36

36. Mark your answer on your answer sheet. Ⓐ Ⓑ Ⓒ Ⓓ

37. Mark your answer on your answer sheet. Ⓐ Ⓑ Ⓒ Ⓓ

38. Mark your answer on your answer sheet. Ⓐ Ⓑ Ⓒ Ⓓ

39. Mark your answer on your answer sheet. Ⓐ Ⓑ Ⓒ Ⓓ

40. Mark your answer on your answer sheet. Ⓐ Ⓑ Ⓒ Ⓓ

Part 3

▶CD-1 37

41. What did the man ask the woman to do?

(A) To lower the price

(B) To book a room

(C) To give a tip

(D) To set up the computer

Ⓐ Ⓑ Ⓒ Ⓓ

42. What benefit did they get by booking through the internet?

(A) A discount

(B) A ticket for a dinner

(C) A free ride on shuttle bus

(D) A room with a seaside view

Ⓐ Ⓑ Ⓒ Ⓓ

43. What will the speakers probably do next?

(A) Call the beach house

(B) Check up online

(C) Calculate the interest rate

(D) Compare the two rooms

Ⓐ Ⓑ Ⓒ Ⓓ

⇒Go on to the next page

▶CD-1 38

44. Where does this conversation probably take place?

(A) At a law court

(B) On the telephone

(C) At a restaurant

(D) At a reception area

Ⓐ Ⓑ Ⓒ Ⓓ

45. What time will the man see Mr. Turner?

(A) 8:00 am

(B) 12:00 pm

(C) 12:30 pm

(D) 1:00 pm

Ⓐ Ⓑ Ⓒ Ⓓ

46. What does the woman offer the man?

(A) To reschedule his appointment

(B) To have lunch with her

(C) To have some drinks

(D) To call Mr. Turner

Ⓐ Ⓑ Ⓒ Ⓓ

▶CD-1 39

47. Why is Ms. Butler not available?

(A) She is not in the office.

(B) She is talking to someone else.

(C) She is no longer an employee.

(D) She is taking an examination.

Ⓐ Ⓑ Ⓒ Ⓓ

48. What is the customer's problem?

(A) His card doesn't function properly.

(B) His card was stolen.

(C) He lost his certificate.

(D) He forgot his password.

Ⓐ Ⓑ Ⓒ Ⓓ

49. What will the woman probably do next?

(A) Apply for a membership

(B) Hang a new key on the wall

(C) Check her ID number

(D) Give her name to the man

Ⓐ Ⓑ Ⓒ Ⓓ

⇒Go on to the next page

▶CD-1 40

50. Where is this conversation probably taking place?

(A) In an X-ray vehicle

(B) At a surgery

(C) At a dental clinic

(D) At an emergency room

Ⓐ Ⓑ Ⓒ Ⓓ

51. What is the man having trouble doing?

(A) Making an appointment

(B) Riding a bicycle

(C) Playing baseball

(D) Walking slowly

Ⓐ Ⓑ Ⓒ Ⓓ

52. When will the doctor see the man?

(A) Today

(B) Tomorrow

(C) The day after tomorrow

(D) In a week

Ⓐ Ⓑ Ⓒ Ⓓ

▶CD-1 41

53. Where does the woman probably work?

(A) On an airplane

(B) In a train

(C) At a ticket counter

(D) At a hotel lounge

Ⓐ Ⓑ Ⓒ Ⓓ

54. What does the woman usually suggest to passengers?

(A) To show up well in advance

(B) To pay extra fee

(C) To wait in a line

(D) To cover suit cases

Ⓐ Ⓑ Ⓒ Ⓓ

55. What time will his flight depart for New York?

(A) At 10:15

(B) At 10:20

(C) At 12:15

(D) At 12:20

Ⓐ Ⓑ Ⓒ Ⓓ

⇒Go on to the next page

▶CD-1 42

56. What is Rechard's occupation?

(A) Park ranger

(B) Personnel manager

(C) Curator of a zoo

(D) Travel guide

Ⓐ Ⓑ Ⓒ Ⓓ

57. What time will Kevin meet the man on Sunday?

(A) At 7:00 a.m.

(B) At 8:00 a.m.

(C) At 8:30 a.m.

(D) At 9:00 a.m.

Ⓐ Ⓑ Ⓒ Ⓓ

58. How does Kevin feel about the job?

(A) He is worried about his client.

(B) He is looking forward to working with the man.

(C) He'd rather meet at a different place.

(D) He is nervous about the result of the exams.

Ⓐ Ⓑ Ⓒ Ⓓ

▶CD-1 43

59. What are the speakers discussing?

(A) Employment situation

(B) Deadline of a report

(C) Political system

(D) Time management

Ⓐ Ⓑ Ⓒ Ⓓ

60. What does the woman predict about the economy?

(A) It will pick up.

(B) It will dramatically improve.

(C) It will remain stable.

(D) It will deteriorate.

Ⓐ Ⓑ Ⓒ Ⓓ

61. How does the man react to the woman's opinion?

(A) He totally agrees with the woman.

(B) He partly agrees with the woman.

(C) He did not understand the woman.

(D) He disagrees with the woman.

Ⓐ Ⓑ Ⓒ Ⓓ

⇒Go on to the next page

▶CD-1 44

62. How does the man feel about the offer?

(A) Pleased

(B) Thrilled

(C) Unwilling

(D) Harmful

Ⓐ Ⓑ Ⓒ Ⓓ

63. What time does he leave the office usually?

(A) At six o'clock.

(B) At seven o'clock

(C) At eleven o'clock

(D) At twelve o'clock

Ⓐ Ⓑ Ⓒ Ⓓ

64. Why does the man plan to quit his job?

(A) His doctor told him so.

(B) He needs a partner.

(C) He has another plan.

(D) He wants to tell her the truth.

Ⓐ Ⓑ Ⓒ Ⓓ

▶CD-1 45

65. What is the purpose of the woman's call?

(A) She wants to start taking lessons.

(B) She wants to book an ocean cruise.

(C) She is looking for an athlete.

(D) She is looking for a job at a sports club.

Ⓐ Ⓑ Ⓒ Ⓓ

66. How many course levels does the school offer?

(A) One

(B) Three

(C) Seven

(D) Eight

Ⓐ Ⓑ Ⓒ Ⓓ

67. What information will the man probably offer next?

(A) About a swimming suit

(B) About a method of exercise

(C) About a notice of withdrawal

(D) About a fee for classes

Ⓐ Ⓑ Ⓒ Ⓓ

⇒Go on to the next page

▶CD-1 46

68. What is the man going to do next week?

(A) Exchange ideas with his boss

(B) Show his appreciation to the woman

(C) Travel to the U.S.

(D) Check the currency trend

Ⓐ Ⓑ Ⓒ Ⓓ

69. Why did the woman not exchange money today?

(A) She thought the yen would surge.

(B) She thought he would change his mind.

(C) She needed more advice.

(D) She didn't want to hear the man.

Ⓐ Ⓑ Ⓒ Ⓓ

70. Where will the woman visit today?

(A) A post office

(B) A telephone exchange

(C) A ticket bureau

(D) A currency exchange counter

Ⓐ Ⓑ Ⓒ Ⓓ

Part 4

▶CD-1 47

71. Where most likely do the listeners work?

(A) In a talent agency

(B) In an advertising firm

(C) In a furniture store

(D) In a transportation business

Ⓐ Ⓑ Ⓒ Ⓓ

72. Why is the CEO especially pleased?

(A) A marketing campaign hired a skilled actress.

(B) Another item will soon be released.

(C) Product revenues were generated.

(D) Different companies cooperated.

Ⓐ Ⓑ Ⓒ Ⓓ

73. What has already been sent to the listeners?

(A) Price lists

(B) Sofa shape ideas

(C) Shopper surveys

(D) Appointment details

Ⓐ Ⓑ Ⓒ Ⓓ

⇒Go on to the next page

▶CD-1 48

74. Who most likely are the listeners?

(A) Stockholders

(B) School professors

(C) Media developers

(D) Recruiters

Ⓐ Ⓑ Ⓒ Ⓓ

75. According to the speaker, why is Kin-XG Software Corporation unique?

(A) It creates special IT services.

(B) It trains customers in new products.

(C) It values certain skills among staff.

(D) It emphasizes market competitiveness.

Ⓐ Ⓑ Ⓒ Ⓓ

76. What does Terrance Darby plan to do?

(A) Accept a promotion

(B) Read a social media profile

(C) Explain a product role

(D) Provide a business update

Ⓐ Ⓑ Ⓒ Ⓓ

CD-1 49

77. Why has the takeoff of the plane been delayed?

(A) Some passengers are still boarding.

(B) Technical inspections are being made.

(C) The ground crew is still on its way.

(D) The weather conditions are severe.

Ⓐ Ⓑ Ⓒ Ⓓ

78. According to the speaker, what has been changed?

(A) The cabin entertainment

(B) The travel duration

(C) The cruising altitude

(D) The snack service time

Ⓐ Ⓑ Ⓒ Ⓓ

79. What are listeners asked to do?

(A) Observe no-smoking signs

(B) Put up their seat trays

(C) Close window shades

(D) Pay attention to a display

Ⓐ Ⓑ Ⓒ Ⓓ

⇒Go on to the next page

▶CD-1 50

80. What is the report mainly about?

(A) Industrial technologies

(B) Production regulations

(C) Business reorganization

(D) International market share

Ⓐ Ⓑ Ⓒ Ⓓ

81. What has been claimed in the Web site press release?

(A) Negotiations are completed.

(B) Factories will be upgraded.

(C) Jobs will currently be maintained.

(D) More manufacturing will be done in Canada.

Ⓐ Ⓑ Ⓒ Ⓓ

82. According to the report, what is Amberson Pharmaceutical Corporation concerned about?

(A) Matching competitors' performance

(B) Making production platforms safer

(C) Keeping communications private

(D) Hiring expert staff

Ⓐ Ⓑ Ⓒ Ⓓ

▶CD-1 51

83. How may callers get information in different languages?

(A) By pressing 1

(B) By entering a staff extension

(C) By going online

(D) By visiting an international exhibit

Ⓐ Ⓑ Ⓒ Ⓓ

84. Why would a caller most likely hear this message?

(A) The organization has relocated.

(B) The facility is now closed.

(C) The answering service is unavailable.

(D) The contact number is different.

Ⓐ Ⓑ Ⓒ Ⓓ

85. What will callers hear if they remain on the line?

(A) Additional menu options

(B) Membership plan prices

(C) Repeated information

(D) Service representatives

Ⓐ Ⓑ Ⓒ Ⓓ

⇒Go on to the next page

▶CD-1 52

86. What is the broadcast mainly about?

(A) Traffic regulations

(B) Travel problems

(C) Vehicle maintenance

(D) Road construction

Ⓐ Ⓑ Ⓒ Ⓓ

87. What are listeners cautioned about?

(A) Highway closures

(B) Longer journeys

(C) Rushing repairs

(D) Police monitors

Ⓐ Ⓑ Ⓒ Ⓓ

88. What will listeners hear next?

(A) A critic review

(B) A commercial

(C) A song

(D) A business update

Ⓐ Ⓑ Ⓒ Ⓓ

CD-1 53

89. What is the advertisement promoting?

(A) Art awards

(B) Business classes

(C) A lecture series

(D) A new movie

Ⓐ Ⓑ Ⓒ Ⓓ

90. When was Clouds and Sky released?

(A) On May 23

(B) On May 24

(C) On May 27

(D) On May 28

Ⓐ Ⓑ Ⓒ Ⓓ

91. What will every attendee receive?

(A) A free photo book

(B) Registration for a drawing

(C) Complimentary beverages

(D) Amateur work feedback

Ⓐ Ⓑ Ⓒ Ⓓ

⇒Go on to the next page

▶CD-1 54

92. Where most likely are the listeners?

(A) In a shopping mall

(B) In a production facility

(C) At an employee orientation

(D) At a restaurant

Ⓐ Ⓑ Ⓒ Ⓓ

93. Who is Margo Zane?

(A) A government inspector

(B) A bakery owner

(C) A manager

(D) A distributor

Ⓐ Ⓑ Ⓒ Ⓓ

94. What is scheduled to happen at 1:30 P.M.?

(A) A meeting with the director

(B) A visit to the loading dock

(C) The completion of a tour

(D) The sampling of some pastries

Ⓐ Ⓑ Ⓒ Ⓓ

▶CD-1 55

95. According to the speaker, what has changed at Tarwood Hospital over the last five years?

(A) The treatment techniques

(B) The amount of staff benefits

(C) The number of patient visits

(D) The role of the directors

Ⓐ Ⓑ Ⓒ Ⓓ

96. What did Belinda Watson do last week?

(A) Recommend a technology

(B) Purchase some furniture

(C) Install equipment

(D) Make a medical appointment

Ⓐ Ⓑ Ⓒ Ⓓ

97. What does the speaker ask listeners to do?

(A) Download new software

(B) Contact the front desk

(C) Scientifically innovate

(D) Reduce expenses

Ⓐ Ⓑ Ⓒ Ⓓ

⇒Go on to the next page

▶CD-1 56

98. What is the main purpose of the voicemail message?

(A) To make an appointment

(B) To request information

(C) To cancel an order

(D) To inform of a change

Ⓐ Ⓑ Ⓒ Ⓓ

99. When does the caller plan to board the train?

(A) At 6:00 P.M.

(B) At 7:00 P.M.

(C) At 8:00 P.M.

(D) At 9:00 P.M.

Ⓐ Ⓑ Ⓒ Ⓓ

100. Why does the caller apologize?

(A) He left the headquarters late.

(B) He missed an important client.

(C) He cannot attend a meeting.

(D) He will be out of contact.

Ⓐ Ⓑ Ⓒ Ⓓ

テスト2

Part 1

▶CD-1 57

1.

Ⓐ Ⓑ Ⓒ Ⓓ

2.

Ⓐ Ⓑ Ⓒ Ⓓ

CD-1 58

3.

Ⓐ Ⓑ Ⓒ Ⓓ

4.

Ⓐ Ⓑ Ⓒ Ⓓ

⇒Go on to the next page

▶CD-1 59

5.

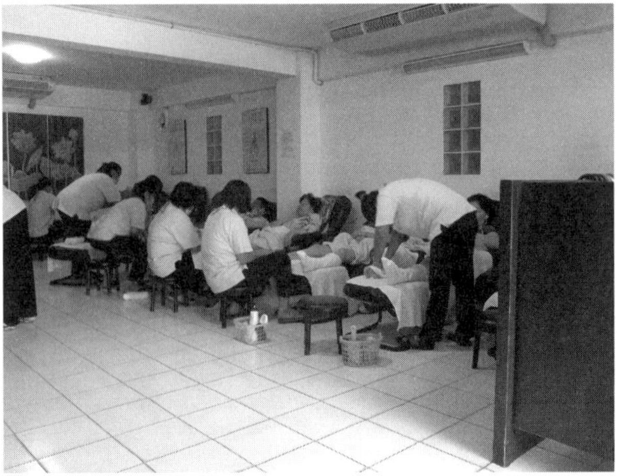

Ⓐ Ⓑ Ⓒ Ⓓ

6.

Ⓐ Ⓑ Ⓒ Ⓓ

▶CD-1 60

7.

Ⓐ Ⓑ Ⓒ Ⓓ

8.

Ⓐ Ⓑ Ⓒ Ⓓ

⇒Go on to the next page

▶CD-1 61

9.

Ⓐ Ⓑ Ⓒ Ⓓ

10.

Ⓐ Ⓑ Ⓒ Ⓓ

Part 2

▶CD-1 62-66

11. Mark your answer on your answer sheet. Ⓐ Ⓑ Ⓒ Ⓓ

12. Mark your answer on your answer sheet. Ⓐ Ⓑ Ⓒ Ⓓ

13. Mark your answer on your answer sheet. Ⓐ Ⓑ Ⓒ Ⓓ

14. Mark your answer on your answer sheet. Ⓐ Ⓑ Ⓒ Ⓓ

15. Mark your answer on your answer sheet. Ⓐ Ⓑ Ⓒ Ⓓ

⇒Go on to the next page

▶CD-1 67-71

16. Mark your answer on your answer sheet. Ⓐ Ⓑ Ⓒ Ⓓ

17. Mark your answer on your answer sheet. Ⓐ Ⓑ Ⓒ Ⓓ

18. Mark your answer on your answer sheet. Ⓐ Ⓑ Ⓒ Ⓓ

19. Mark your answer on your answer sheet. Ⓐ Ⓑ Ⓒ Ⓓ

20. Mark your answer on your answer sheet. Ⓐ Ⓑ Ⓒ Ⓓ

▶CD-1 72-76

21. Mark your answer on your answer sheet. Ⓐ Ⓑ Ⓒ Ⓓ

22. Mark your answer on your answer sheet. Ⓐ Ⓑ Ⓒ Ⓓ

23. Mark your answer on your answer sheet. Ⓐ Ⓑ Ⓒ Ⓓ

24. Mark your answer on your answer sheet. Ⓐ Ⓑ Ⓒ Ⓓ

25. Mark your answer on your answer sheet. Ⓐ Ⓑ Ⓒ Ⓓ

▶CD-1 77-81

26. Mark your answer on your answer sheet. Ⓐ Ⓑ Ⓒ Ⓓ

27. Mark your answer on your answer sheet. Ⓐ Ⓑ Ⓒ Ⓓ

28. Mark your answer on your answer sheet. Ⓐ Ⓑ Ⓒ Ⓓ

29. Mark your answer on your answer sheet. Ⓐ Ⓑ Ⓒ Ⓓ

30. Mark your answer on your answer sheet. Ⓐ Ⓑ Ⓒ Ⓓ

▶CD-1 82-86

31. Mark your answer on your answer sheet. Ⓐ Ⓑ Ⓒ Ⓓ

32. Mark your answer on your answer sheet. Ⓐ Ⓑ Ⓒ Ⓓ

33. Mark your answer on your answer sheet. Ⓐ Ⓑ Ⓒ Ⓓ

34. Mark your answer on your answer sheet. Ⓐ Ⓑ Ⓒ Ⓓ

35. Mark your answer on your answer sheet. Ⓐ Ⓑ Ⓒ Ⓓ

⇒Go on to the next page

▶CD-1 87-91

36. Mark your answer on your answer sheet. Ⓐ Ⓑ Ⓒ Ⓓ

37. Mark your answer on your answer sheet. Ⓐ Ⓑ Ⓒ Ⓓ

38. Mark your answer on your answer sheet. Ⓐ Ⓑ Ⓒ Ⓓ

39. Mark your answer on your answer sheet. Ⓐ Ⓑ Ⓒ Ⓓ

40. Mark your answer on your answer sheet. Ⓐ Ⓑ Ⓒ Ⓓ

Part 3

CD-2 1

41. Who most likely is the woman?

(A) A shop assistant

(B) A designer

(C) A bank employee

(D) An accountant

Ⓐ Ⓑ Ⓒ Ⓓ

42. Which color did the man receive as a present?

(A) Tan

(B) Brown

(C) Black

(D) Red

Ⓐ Ⓑ Ⓒ Ⓓ

43. What will the man probably do next?

(A) Receive a gift

(B) Observe the damage

(C) Check his availability

(D) Select an item

Ⓐ Ⓑ Ⓒ Ⓓ

⇒Go on to the next page

▶CD-2 2

44. What is the man's concern?

(A) His job

(B) His health

(C) His marriage life

(D) His benefit

Ⓐ Ⓑ Ⓒ Ⓓ

45. When did the man have the second examination?

(A) Fourteen days ago

(B) Last month

(C) Yesterday

(D) This morning

Ⓐ Ⓑ Ⓒ Ⓓ

46. How will the man try to react to the problem?

(A) Deal with it positively

(B) Rely on his wife

(C) Turn on the monitor

(D) Ignore the problem

Ⓐ Ⓑ Ⓒ Ⓓ

▶CD-2 3

47. Where is this conversation probably taking place?

(A) In an office building

(B) In a department store

(C) At a business conference

(D) At a hotel lounge

Ⓐ Ⓑ Ⓒ Ⓓ

48. What happened last night?

(A) Company trip

(B) Tectonic activity

(C) Crackdown

(D) Power failure

Ⓐ Ⓑ Ⓒ Ⓓ

49. Where is the photocopier?

(A) On the first floor

(B) On the second floor

(C) On the fourth floor

(D) On the seventh floor

Ⓐ Ⓑ Ⓒ Ⓓ

⇒Go on to the next page

▶CD-2 4

50. What is the purpose of the man's call?

(A) To convey information

(B) To confirm his appointment

(C) To give her a rest

(D) To deliver a letter

Ⓐ Ⓑ Ⓒ Ⓓ

51. Why is Ms. Bell not going to visit the woman for a while?

(A) She takes care of her relative.

(B) She has a medical condition.

(C) She will be away on business.

(D) She wants to learn more about the advertisement.

Ⓐ Ⓑ Ⓒ Ⓓ

52. What does the woman suggest the man do next?

(A) Take the chance to be a leader

(B) Fill in a request form

(C) Come to her place of work

(D) Ask Ms. Bell's condition

Ⓐ Ⓑ Ⓒ Ⓓ

▶CD-2 5

53. Who probably is the man?

(A) An interviewer

(B) A sales representative

(C) A doctor

(D) An engineer

Ⓐ Ⓑ Ⓒ Ⓓ

54. What is the Kenny clinic famous for?

(A) Experienced employees

(B) Medical equipment

(C) Convenient location

(D) The amount of salary

Ⓐ Ⓑ Ⓒ Ⓓ

55. What kind of job does the woman want to have this time?

(A) A satisfying job

(B) A pleasant job

(C) A job with high-income

(D) A job that is highly respected

Ⓐ Ⓑ Ⓒ Ⓓ

⇒Go on to the next page

▶CD-2 6

56. What does the woman ask the man to do?

(A) To choose a card design

(B) To send a sample

(C) To find a partner

(D) To arrange business trip

Ⓐ Ⓑ Ⓒ Ⓓ

57. What kind of business do the speakers work in?

(A) Tourism

(B) Printing

(C) Insurance

(D) Textiles

Ⓐ Ⓑ Ⓒ Ⓓ

58. When will the man make a business trip?

(A) This weekend

(B) Next Friday

(C) Next weekend

(D) Next month

Ⓐ Ⓑ Ⓒ Ⓓ

▶CD-2 7

59. What kind of company does the man work for?

(A) A restaurant business

(B) A computer company

(C) A construction firm

(D) A model agency

Ⓐ Ⓑ Ⓒ Ⓓ

60. What does the man ask the woman to do?

(A) Report the inventory to him

(B) Find filter paper

(C) Give her a watch

(D) Set up a home page

Ⓐ Ⓑ Ⓒ Ⓓ

61. What is mentioned about the man's percolator?

(A) It is the latest invention.

(B) It is advertised on the newspaper.

(C) It is a compact model.

(D) It is an out-of-date model.

Ⓐ Ⓑ Ⓒ Ⓓ

⇒Go on to the next page

▶CD-2 8

62. What is the problem?

(A) She opposes to the morning gathering.

(B) Rules are too strict.

(C) A student is always unpunctual.

(D) An alarm clock is broken.

Ⓐ Ⓑ Ⓒ Ⓓ

63. Who most likely is the man?

(A) A police officer

(B) A principal

(C) An accountant

(D) A security guard

Ⓐ Ⓑ Ⓒ Ⓓ

64. What time does the private study hour start?

(A) 8:20

(B) 8:30

(C) 8:40

(D) 8:50

Ⓐ Ⓑ Ⓒ Ⓓ

▶CD-2 9

65. What are the speakers mainly talking about?

(A) Purchasing a condominium

(B) Getting driver's license

(C) Woman's engagement

(D) Friend's economic situation

Ⓐ Ⓑ Ⓒ Ⓓ

66. Why does Fred live in luxury?

(A) He made a profit in stocks.

(B) He got promoted in a grocery store.

(C) He bought a supermarket.

(D) He won the lottery.

Ⓐ Ⓑ Ⓒ Ⓓ

67. Where are they planning to go next?

(A) To Fred's place

(B) To a seminar

(C) To a model house park

(D) To a brokerage office

Ⓐ Ⓑ Ⓒ Ⓓ

⇒Go on to the next page

▶CD-2 10

68. How often is the meeting held?

(A) Everyday

(B) Every week

(C) Once a month

(D) Quarterly

Ⓐ Ⓑ Ⓒ Ⓓ

69. What will probably be on tomorrow's agenda?

(A) Personnel administration

(B) Media research

(C) How to make a report

(D) Employee's health check

Ⓐ Ⓑ Ⓒ Ⓓ

70. What is stated about Tim's character?

(A) He is horrible.

(B) He is shy.

(C) He has a nerve.

(D) He is particular about foods.

Ⓐ Ⓑ Ⓒ Ⓓ

Part 4

▶CD-2 11

71. What is the main purpose of the message?

(A) To get information

(B) To change account details

(C) To respond to a request

(D) To check on a delivery

Ⓐ Ⓑ Ⓒ Ⓓ

72. What is said about the Lenard Street Towers?

(A) It recently began operating.

(B) It requires registration for tours.

(C) It is outside the downtown area.

(D) It lacks some important amenities.

Ⓐ Ⓑ Ⓒ Ⓓ

73. What does the caller recommend?

(A) Taking a new photograph

(B) Reviewing submitted documents

(C) Returning her phone call

(D) Contact her by e-mail

Ⓐ Ⓑ Ⓒ Ⓓ

⇒Go on to the next page

▶CD-2 12

74. What is mainly being advertised?

(A) A new music recording

(B) A performance event

(C) A concert hall

(D) A contest

Ⓐ Ⓑ Ⓒ Ⓓ

75. What feature of Caldwell Park is described?

(A) Its size

(B) Its safety

(C) Its location

(D) Its popularity

Ⓐ Ⓑ Ⓒ Ⓓ

76. What restriction does the advertisement mention?

(A) ID must be presented with tickets.

(B) Group discounts are not given.

(C) Adults must accompany children.

(D) Refunds are not available.

Ⓐ Ⓑ Ⓒ Ⓓ

▶CD-2 13

77. What type of business most likely would have this message?

(A) A delivery company

(B) A travel agency

(C) A real estate developer

(D) A consulting firm

Ⓐ Ⓑ Ⓒ Ⓓ

78. Why are callers directed to a specific section of the Web site?

(A) To make online payments

(B) To review options

(C) To contact a representative

(D) To place an order

Ⓐ Ⓑ Ⓒ Ⓓ

79. How may listeners receive faster service?

(A) By using their credit card numbers

(B) By calling during low-volume periods

(C) By using company packaging

(D) By preparing some information

Ⓐ Ⓑ Ⓒ Ⓓ

⇒Go on to the next page

▶CD-2 14

80. What is the talk mainly about?

(A) International stock investment

(B) Farm management

(C) Operational expansion

(D) Political change

Ⓐ Ⓑ Ⓒ Ⓓ

81. According to the speaker, why have funds been set aside?

(A) To improve product quality

(B) To compensate new board members

(C) To verify some research

(D) To cover construction costs

Ⓐ Ⓑ Ⓒ Ⓓ

82. What was sent last Tuesday?

(A) Supportive data

(B) Results of a business meeting

(C) Containers of chicken

(D) Digital slides

Ⓐ Ⓑ Ⓒ Ⓓ

▶CD-2 15

83. When will the change take place?

(A) In September

(B) In October

(C) In November

(D) In December

Ⓐ Ⓑ Ⓒ Ⓓ

84. Why would there be an extra fee?

(A) To cancel a policy early

(B) To increase medical payouts

(C) To upgrade software

(D) To expand coverage

Ⓐ Ⓑ Ⓒ Ⓓ

85. What does the speaker say will happen next?

(A) Another person will talk.

(B) Materials will be distributed.

(C) The office will close for the day.

(D) Questions will be taken.

Ⓐ Ⓑ Ⓒ Ⓓ

⇒Go on to the next page

▶CD-2 16

86. What is the speaker mainly talking about?

(A) Business processes

(B) Employee recruiting

(C) Sales targets

(D) Product marketing

Ⓐ Ⓑ Ⓒ Ⓓ

87. What time does the store open to the public on Sundays?

(A) At 8:30 A.M.

(B) At 9:00 A.M.

(C) At 9:30 A.M.

(D) At 10: 00 A.M.

Ⓐ Ⓑ Ⓒ Ⓓ

88. What are listeners reminded to do?

(A) Turn in their keys

(B) Notify of a loss

(C) Close display cases

(D) Put away jewelry

Ⓐ Ⓑ Ⓒ Ⓓ

▶CD-2 17

89. What is scheduled to happen on June 17th?

(A) Management will be reorganized.

(B) Committee members will be chosen.

(C) A company conference will be held.

(D) A photocopier will be purchased.

Ⓐ Ⓑ Ⓒ Ⓓ

90. What has the speaker been looking for?

(A) New inventory space

(B) A software developer

(C) Missing products

(D) An issue resolution

Ⓐ Ⓑ Ⓒ Ⓓ

91. What does the speaker say he will do this afternoon?

(A) Send his project feedback

(B) Go to Kanton Corporation

(C) Visit one of his coworkers

(D) Apply at Human Resources

Ⓐ Ⓑ Ⓒ Ⓓ

⇒Go on to the next page

▶CD-2 18

92. Why has this message been left for Mr. Olson?

(A) He arrived at the clinic after hours.

(B) He mistakenly deleted a message.

(C) He called the facility earlier.

(D) He changed his doctor.

Ⓐ Ⓑ Ⓒ Ⓓ

93. What is Mr. Olson asked to do?

(A) Visit different clinic

(B) Reschedule an appointment

(C) Confirm his patient number

(D) Wait for a phone call

Ⓐ Ⓑ Ⓒ Ⓓ

94. What has Vincent already done?

(A) Cancelled a time slot

(B) Changed a date

(C) E-mailed a schedule

(D) Chosen a time

Ⓐ Ⓑ Ⓒ Ⓓ

▶CD-2 19

95. What type of weather is expected within the next few hours?

(A) Increasing heat levels

(B) Strong rainstorms

(C) High pressure centers

(D) Winds from the west

Ⓐ Ⓑ Ⓒ Ⓓ

96. Who is Sandy Burke?

(A) A public relations spokesperson

(B) A school teacher

(C) A weather expert

(D) A local official

Ⓐ Ⓑ Ⓒ Ⓓ

97. What will listeners hear next?

(A) A song

(B) A commercial

(C) A business analysis

(D) A traffic report

Ⓐ Ⓑ Ⓒ Ⓓ

⇒Go on to the next page

▶CD-2 20

98. Who most likely is the speaker?

(A) A tour guide

(B) A university recruiter

(C) A program executive

(D) A department store salesperson

Ⓐ Ⓑ Ⓒ Ⓓ

99. Why is Robert Anderson enthusiastic about his demonstration?

(A) Videos have been made for his work.

(B) New equipment has been tested.

(C) Teams have been enlarged.

(D) Positive feedback has been received.

Ⓐ Ⓑ Ⓒ Ⓓ

100. Where are the listeners scheduled to go at 1:00 P.M.?

(A) To the cafeteria

(B) To the floor upstairs

(C) To a different building

(D) To the chemistry laboratory

Ⓐ Ⓑ Ⓒ Ⓓ

テスト3

Part 1

▶CD-2 21

1.

Ⓐ Ⓑ Ⓒ Ⓓ

2.

Ⓐ Ⓑ Ⓒ Ⓓ

CD-2 22

3.

Ⓐ Ⓑ Ⓒ Ⓓ

4.

Ⓐ Ⓑ Ⓒ Ⓓ

⇒Go on to the next page

▶CD-2 23

5.

Ⓐ Ⓑ Ⓒ Ⓓ

6.

Ⓐ Ⓑ Ⓒ Ⓓ

▶CD-2 24

7.

Ⓐ Ⓑ Ⓒ Ⓓ

8.

Ⓐ Ⓑ Ⓒ Ⓓ

⇒Go on to the next page

▶CD-2 25

9.

Ⓐ Ⓑ Ⓒ Ⓓ

10.

Ⓐ Ⓑ Ⓒ Ⓓ

Part 2

CD-2 26-30

11. Mark your answer on your answer sheet. Ⓐ Ⓑ Ⓒ Ⓓ

12. Mark your answer on your answer sheet. Ⓐ Ⓑ Ⓒ Ⓓ

13. Mark your answer on your answer sheet. Ⓐ Ⓑ Ⓒ Ⓓ

14. Mark your answer on your answer sheet. Ⓐ Ⓑ Ⓒ Ⓓ

15. Mark your answer on your answer sheet. Ⓐ Ⓑ Ⓒ Ⓓ

⇒Go on to the next page

▶CD-2 31-35

16. Mark your answer on your answer sheet. Ⓐ Ⓑ Ⓒ Ⓓ

17. Mark your answer on your answer sheet. Ⓐ Ⓑ Ⓒ Ⓓ

18. Mark your answer on your answer sheet. Ⓐ Ⓑ Ⓒ Ⓓ

19. Mark your answer on your answer sheet. Ⓐ Ⓑ Ⓒ Ⓓ

20. Mark your answer on your answer sheet. Ⓐ Ⓑ Ⓒ Ⓓ

▶CD-2 36-40

21. Mark your answer on your answer sheet. Ⓐ Ⓑ Ⓒ Ⓓ

22. Mark your answer on your answer sheet. Ⓐ Ⓑ Ⓒ Ⓓ

23. Mark your answer on your answer sheet. Ⓐ Ⓑ Ⓒ Ⓓ

24. Mark your answer on your answer sheet. Ⓐ Ⓑ Ⓒ Ⓓ

25. Mark your answer on your answer sheet. Ⓐ Ⓑ Ⓒ Ⓓ

▶CD-2 41-45

26. Mark your answer on your answer sheet. Ⓐ Ⓑ Ⓒ Ⓓ

27. Mark your answer on your answer sheet. Ⓐ Ⓑ Ⓒ Ⓓ

28. Mark your answer on your answer sheet. Ⓐ Ⓑ Ⓒ Ⓓ

29. Mark your answer on your answer sheet. Ⓐ Ⓑ Ⓒ Ⓓ

30. Mark your answer on your answer sheet. Ⓐ Ⓑ Ⓒ Ⓓ

▶CD-2 46-50

31. Mark your answer on your answer sheet. Ⓐ Ⓑ Ⓒ Ⓓ

32. Mark your answer on your answer sheet. Ⓐ Ⓑ Ⓒ Ⓓ

33. Mark your answer on your answer sheet. Ⓐ Ⓑ Ⓒ Ⓓ

34. Mark your answer on your answer sheet. Ⓐ Ⓑ Ⓒ Ⓓ

35. Mark your answer on your answer sheet. Ⓐ Ⓑ Ⓒ Ⓓ

⇒Go on to the next page

▶CD-2 51-55

36. Mark your answer on your answer sheet. Ⓐ Ⓑ Ⓒ Ⓓ

37. Mark your answer on your answer sheet. Ⓐ Ⓑ Ⓒ Ⓓ

38. Mark your answer on your answer sheet. Ⓐ Ⓑ Ⓒ Ⓓ

39. Mark your answer on your answer sheet. Ⓐ Ⓑ Ⓒ Ⓓ

40. Mark your answer on your answer sheet. Ⓐ Ⓑ Ⓒ Ⓓ

Part 3

▶CD-2 56

41. In what month does this conversation probably take place?

(A) March

(B) May

(C) September

(D) November

Ⓐ Ⓑ Ⓒ Ⓓ

42. How does the woman know about Mr. Anderson's move?

(A) She recalled his name.

(B) She asked her boss.

(C) She checked the directory.

(D) She called Mr. Anderson.

Ⓐ Ⓑ Ⓒ Ⓓ

43. What is Mr. Anderson probably doing now?

(A) He is quitting World Railway.

(B) He lives in a company provided housing.

(C) He is working at Plymouth Electronics.

(D) He is working in San Francisco.

Ⓐ Ⓑ Ⓒ Ⓓ

⇒Go on to the next page

▶CD-2 57

44. What are the speakers talking about?

(A) Famous interviewers

(B) An oral test

(C) Required courses

(D) Favorite foods

Ⓐ Ⓑ Ⓒ Ⓓ

45. What does the woman think about the man?

(A) He makes a good first impression.

(B) His behavior is awful.

(C) He passed an examination for a librarianship.

(D) He has little chance of success in an interview.

Ⓐ Ⓑ Ⓒ Ⓓ

46. What does the man offer to do?

(A) Help her interview

(B) Give detailed information

(C) Invite her to dinner

(D) Provide the woman some relief

Ⓐ Ⓑ Ⓒ Ⓓ

CD-2 58

47. What happened to the man?

(A) Got a plastic surgery

(B) Made no hits

(C) Felt down

(D) Injured his elbow

Ⓐ Ⓑ Ⓒ Ⓓ

48. Why does he think his body became stiff?

(A) He was not friendly.

(B) He is a novice player.

(C) He hadn't played tennis for a while.

(D) He forcefully extended his arm.

Ⓐ Ⓑ Ⓒ Ⓓ

49. Where will the man go with his coworker?

(A) Tennis club

(B) Sports gym

(C) An animal park

(D) Recycle shop

Ⓐ Ⓑ Ⓒ Ⓓ

⇒Go on to the next page

▶CD-2 59

50. What is Sam's occupation?

(A) Designer

(B) Car dealer

(C) Telephone operator

(D) Factory manager

Ⓐ Ⓑ Ⓒ Ⓓ

51. What is planned to begin at 3:00 P.M.?

(A) The manufacturing of a new model

(B) The announcement of a newly designed car

(C) The machine will start cleaning the floor.

(D) Sam will explain the revised plan.

Ⓐ Ⓑ Ⓒ Ⓓ

52. How will the woman get to the plant?

(A) By taxi

(B) By car

(C) By plane

(D) On foot

Ⓐ Ⓑ Ⓒ Ⓓ

▶CD-2 60

53. What news does the woman mention?

(A) Professional soccer player

(B) Drinking party

(C) Company regulation

(D) Renovation of the building

Ⓐ Ⓑ Ⓒ Ⓓ

54. Why does the man want to stop smoking and drinking?

(A) To save money

(B) To enjoy good health

(C) To live a simple life

(D) To get an opportunity

Ⓐ Ⓑ Ⓒ Ⓓ

55. What will the man probably do tomorrow?

(A) Embark on a liner

(B) Read a book

(C) Go to the doctor

(D) Buy some cigarettes

Ⓐ Ⓑ Ⓒ Ⓓ

⇒Go on to the next page

▶CD-2 61

56. What is the conversation mainly about?

(A) Business transaction

(B) Preparation for a ceremony

(C) Foreign languages

(D) Recipe for a menu

Ⓐ Ⓑ Ⓒ Ⓓ

57. What is special about some of the new employees?

(A) Some of them are from India

(B) Some of them have allergy

(C) They are all fresh from college.

(D) They are interested in global marketing.

Ⓐ Ⓑ Ⓒ Ⓓ

58. Approximately how many employees are planning to join the company?

(A) 5

(B) 15

(C) 40

(D) 55

Ⓐ Ⓑ Ⓒ Ⓓ

▶CD-2 62

59. What is the man concerned about?

(A) The number of boxes

(B) The time of delivery

(C) The company's location

(D) The size of labels

Ⓐ Ⓑ Ⓒ Ⓓ

60. Where should the woman send the order?

(A) To the man's office

(B) To one of the retail shops

(C) To the man's apartment

(D) To the secretary's address

Ⓐ Ⓑ Ⓒ Ⓓ

61. When will the new employee start working at the man's office?

(A) In a week

(B) In two weeks

(C) On Sep. 30st

(D) On Oct. 1st

Ⓐ Ⓑ Ⓒ Ⓓ

⇒Go on to the next page

▶CD-2 63

62. Why is the man from IT coming to the office?

(A) To install software

(B) To strengthen computer security

(C) To cook a steak

(D) To have a lunch

Ⓐ Ⓑ Ⓒ Ⓓ

63. What happened last week?

(A) Henry had a lunch with the woman.

(B) An engineer installed security software.

(C) Computers in another department were infected with a virus.

(D) The manager has decided to buy new computer.

Ⓐ Ⓑ Ⓒ Ⓓ

64. Why does Henry hope his computer is safe?

(A) Because he wants to help the engineer.

(B) Because the woman is kidding him.

(C) Because he is too cautious in using computer.

(D) Because he has important information in it.

Ⓐ Ⓑ Ⓒ Ⓓ

▶CD-2 64

65. What are the speakers discussing?

(A) Selling price of new products

(B) Manipulation of a machine

(C) Demographic statistics

(D) The foreign exchange rate

Ⓐ Ⓑ Ⓒ Ⓓ

66. What percentage of discount will there be if the man orders 10 units?

(A) 8 %

(B) 10 %

(C) 20 %

(D) 25 %

Ⓐ Ⓑ Ⓒ Ⓓ

67. What will the man probably do next?

(A) Look for a reasonable machine

(B) Consider to purchase the machines

(C) Set the time of the meeting at 8 o'clock

(D) Replace the front door

Ⓐ Ⓑ Ⓒ Ⓓ

⇒Go on to the next page

▶CD-2 65

68. What happened in the market this morning?

(A) The stock at a shop has run short.

(B) Share prices plummeted.

(C) The temperature plunged below 15.

(D) The price of a stock has risen.

Ⓐ Ⓑ Ⓒ Ⓓ

69. What does the man urge the woman to do?

(A) Believe herself

(B) Share her property

(C) Sell off her stock holdings

(D) Hold a meeting

Ⓐ Ⓑ Ⓒ Ⓓ

70. What is the woman's attitude toward the economic situation?

(A) Positive

(B) Uncertain

(C) Pessimistic

(D) Distressed

Ⓐ Ⓑ Ⓒ Ⓓ

Part 4

CD-2 66

71. What feature of the Top Company Award is described?

(A) The number of years it has been given

(B) The type of firms that receive it

(C) The expert panel selection process

(D) The location it is being held in

Ⓐ Ⓑ Ⓒ Ⓓ

72. Why has Avin Corporation won the award this year?

(A) It has grown very fast.

(B) It is favored by workers.

(C) It manufactures quality products.

(D) It helps protect the environment.

Ⓐ Ⓑ Ⓒ Ⓓ

73. Who will the listeners hear from next?

(A) A shipyard engineer

(B) An industry analyst

(C) A senior executive

(D) An energy specialist

Ⓐ Ⓑ Ⓒ Ⓓ

⇒Go on to the next page

▶CD-2 67

74. What is the report mainly about?

(A) The launch of a new retail outlet

(B) Development of a service

(C) A company rebranding

(D) Information Technology research

Ⓐ Ⓑ Ⓒ Ⓓ

75. According to the report, what will be a function of the Islamabad facility?

(A) Dealing with media relations

(B) Training new workers

(C) Solving retail problems

(D) Managing various currencies

Ⓐ Ⓑ Ⓒ Ⓓ

76. Who does Evan Gould say supports the company plan?

(A) Canadian officials

(B) Stock owners

(C) Industry experts

(D) Customers

Ⓐ Ⓑ Ⓒ Ⓓ

▶CD-2 68

77. What is the announcement mainly about?

(A) A new product line

(B) A seasonal sale

(C) Appliance demonstrations

(D) A store drawing

Ⓐ Ⓑ Ⓒ Ⓓ

78. According to the announcement, what will every purchaser receive?

(A) The guarantee of the lowest price

(B) The right to take back any product

(C) A complimentary store card

(D) A savings coupon

Ⓐ Ⓑ Ⓒ Ⓓ

79. What are listeners invited to do?

(A) Buy stationery for school

(B) Go to the online store

(C) Have clothing gift-wrapped

(D) Browse offerings in a section

Ⓐ Ⓑ Ⓒ Ⓓ

⇒Go on to the next page

▶CD-2 69

80. What is the report mainly about?

(A) Financial targets

(B) Consumer trends

(C) Financial regulations

(D) Facility renovations

Ⓐ Ⓑ Ⓒ Ⓓ

81. Who mostly likely is Andrea Tong?

(A) A commercial producer

(B) An industry commentator

(C) A national politician

(D) A bank executive

Ⓐ Ⓑ Ⓒ Ⓓ

82. According to the report, why may Linson Bank have difficulty in the upcoming year?

(A) The economy is declining.

(B) Loan interest rates are falling.

(C) Rivals are significantly larger.

(D) Media coverage is negative.

Ⓐ Ⓑ Ⓒ Ⓓ

▶CD-2 70

83. What is the problem?

(A) Items arrived damaged.

(B) A payment is late.

(C) A delivery is overdue.

(D) Information is incorrect.

Ⓐ Ⓑ Ⓒ Ⓓ

84. What is Nigel Frost supposed to do?

(A) Look for a shipment

(B) Confirm a departure

(C) Contact the shipping manager

(D) Provide an e-mail address

Ⓐ Ⓑ Ⓒ Ⓓ

85. Why is the caller especially concerned?

(A) The desk phone number is busy.

(B) The warehouse is full.

(C) A response has not been received.

(D) A schedule has been revised.

Ⓐ Ⓑ Ⓒ Ⓓ

⇒Go on to the next page

CD-2 71

86. How may listeners buy tickets?

(A) From the hotel desk

(B) From the assistant

(C) From a vending device

(D) From an exhibit office

Ⓐ Ⓑ Ⓒ Ⓓ

87. According to the speaker, why is the tour special?

(A) It includes a performance.

(B) It stops by the tiger cages.

(C) It is a new service of the zoo.

(D) It includes complimentary gifts.

Ⓐ Ⓑ Ⓒ Ⓓ

88. Where will the listeners be taken last?

(A) The seal show

(B) A café

(C) The shuttle bus stop

(D) A store

Ⓐ Ⓑ Ⓒ Ⓓ

▶CD-2 72

89. What is the main purpose of the message?

(A) To provide an agenda

(B) To explain a location

(C) To ask for a schedule

(D) To make a change

Ⓐ Ⓑ Ⓒ Ⓓ

90. Where most likely does Kyle Dean work?

(A) In a law firm

(B) In a government agency

(C) At a food service business

(D) At a department store

Ⓐ Ⓑ Ⓒ Ⓓ

91. What has Ms. Cho already done?

(A) Submitted references

(B) Reviewed credentials

(C) Revised a history text

(D) Declined a proposal

Ⓐ Ⓑ Ⓒ Ⓓ

⇒Go on to the next page

▶CD-2 73

92. According to the speaker, what was the purpose of the internal audit?

(A) To improve financial reporting

(B) To look for savings

(C) To reduce materials usage

(D) To analyze corporate processes

Ⓐ Ⓑ Ⓒ Ⓓ

93. What is the new policy of the board of directors based on?

(A) New office furniture designs

(B) Comparisons with other companies

(C) Increasing wage costs

(D) Shortages of important supplies

Ⓐ Ⓑ Ⓒ Ⓓ

94. What will be immediately affected by the change?

(A) Pencils

(B) Computers

(C) Paper

(D) Desks

Ⓐ Ⓑ Ⓒ Ⓓ

▶CD-2 74

95. According to the advertisement, where did Belle Chemical Corporation receive an endorsement?

(A) At a company awards ceremony
(B) In a publication
(C) In a university
(D) At a science conference

Ⓐ Ⓑ Ⓒ Ⓓ

96. What is mentioned as a job requirement?

(A) Teaching experience
(B) Management skills
(C) Academic credentials
(D) Willingness to relocate

Ⓐ Ⓑ Ⓒ Ⓓ

97. What may some exceptional employees receive?

(A) Travel opportunities
(B) Shares of the company
(C) Educational options
(D) Online profiles

Ⓐ Ⓑ Ⓒ Ⓓ

⇒Go on to the next page

▶CD-2 75

98. What is the main purpose of the message?

(A) To explain new features

(B) To suggest a renewal

(C) To promote a service

(D) To respond to a problem

Ⓐ Ⓑ Ⓒ Ⓓ

99. According to the message, what did the April 23 e-mail contain?

(A) Rate changes

(B) Payment plans

(C) Pricing comparisons

(D) Customer preference charts

Ⓐ Ⓑ Ⓒ Ⓓ

100. What is mentioned about the exclusive deal?

(A) It is the first time it has been offered.

(B) It is for a limited amount of time.

(C) It may only be used online.

(D) It starts after May 10.

Ⓐ Ⓑ Ⓒ Ⓓ

ハイスコアをとるために

Jリサーチ出版のTOEIC® TEST関連書

TOEIC is a registered trademark of Educational Testing Service（ETS）. This publication is not endorsed or approved by ETS .

英単語スピードマスターシリーズ

実売55万部突破！

7つの戦略で効率的に完全攻略　頻出3000語

TOEIC® TEST 英単語スピードマスター

CD 2枚付

「TOEICに焦点を絞る」「類義語･関連語でまとめて覚える」など、「7つの戦略」を駆使して効率的に頻出単語を覚えられる。TOEIC全分野の頻出3000語をTOEICスタイルの例文で完全マスターできる、「TOEIC英単語」の決定版！

成重　寿 著　定価　1470円（税込）

5つの戦略で効率的に完全攻略頻出1400熟語

TOEIC® TEST 英熟語スピードマスター

CD 2枚付

TOEICに特徴的な英熟語を1000語に絞り込み、それを4つのレベル別に収録。
頻出会話表現100もあわせてCD2枚に例文を収録。

成重　寿／ビッキー・グラス 共著　定価　1470円（税込）

頻出の最重要単語を7日間で完全チェック　問題530問

TOEIC® TEST 英単語スピードマスター 問題集

CD付

最重要語を短時間で総復習するための1冊。初級者から800点超の読者まで役立つ問題文をCDにも収録。聞くだけで英単語の学習ができる。

成重　寿／ビッキー・グラス　共著　定価　1470円（税込）

スピードマスターシリーズ

Part5＆6 頻出問題形式の徹底練習で 900 点をめざす

新TOEIC® TEST 英文法・語彙スピードマスター

最新の出題傾向に徹底対応。攻略法と学習ポイントがわかりやすい。練習問題の解答解説は図解入りと巻末に模擬テスト付き。

安河内　哲也 著　定価　1470円（税込）

48問48分　Part VII 全問解答で900点をめざす

新TOEIC® TEST リーディングスピードマスター

試験必出5つの問題スタイル解法を知ることで全問解答できる。訳読式から情報サーチ型の解法を身につける。

成重　寿 著　定価　1470円（税込）

1日2解法ピンポイント集中攻略で900点をめざす

新TOEIC® TEST リスニングスピードマスター

CD付

リスニングパート別出題スタイル対策を20の解法でマスター。10日間学習プログラムで構成。一般リスニング学習書としても最適。

成重　寿 著　定価　1575円（税込）

問題集シリーズ

Part 5＆6 スピードマスター900点をめざす

新TOEIC® TEST 英文法・語法問題集

TOEICテストパート5と6を7回分の問題集で完全攻略。解答・解説は別冊。重要単語1000語と頻出項目のまとめつき。

安河内 哲也・魚水 憲 共著　定価　1470円（税込）

Part 7 スピードマスター900点をめざす

新TOEIC® TEST リーディング問題集

Part7の様々なタイプの文章をマスターするための1冊。4回分の模擬テストと解法プロセスが見える詳しい解説を掲載。

成重　寿 著　定価　1470円（税込）

Part 1〜4 スピードマスター900点をめざす

新TOEIC® TEST リスニング問題集

CD 2枚付

リスニングセクションPart1〜4の実戦対策問題集。完全摸試3回分を実践できる。詳しい解説で解答プロセスがはっきりわかる。

ビッキー・グラス 著　定価　1680円（税込）

模試

本番のリアルな雰囲気で3回挑戦できる！

新TOEIC® TEST スピードマスター完全模試

CD 3枚付

模擬試験3回分と詳しい解説つき。本試験と同じ問題文のレイアウト。模擬試験1回分にCD1枚対応だからCDをかければそのままテスト時間がスタート。

ビッキー・グラス 著　A4判／定価　1890円（税込）

800点突破！問題集シリーズ

厳選された究極の300問

TOEIC® TEST 800点突破！リーディング問題集

リーディング・セクションを完全攻略するための1冊。
最新のTOEIC出題傾向に対応した模擬試験3セット収録。
マークシート、スコア換算表つき。

成重　寿／ビッキー・グラス　共著　定価　1575円（税込）

Jリサーチ出版　〒166-0002 東京都杉並区高円寺北2-29-14-705　TEL. 03-6808-8801　FAX. 03-5364-5310

全国書店にて好評発売中！

大切なビジネスの場面で、しっかり伝わる英語を身につける

Jリサーチ出版の ビジネス英語シリーズ

ネイティブにきちんと伝わる ビジネス英語 会話編 CD付

シンプルなのにそのままでネイティブに通用する、フレーズ108を厳選。自己紹介・電話から商談・出張まで、全27シーンを収録。ポイント解説で、さらに使える応用表現もしっかりマスター。実際のビジネスに役立つコラムも掲載。

松井こずえ　著　A5判／定価1680円（税込）

ネイティブにきちんと伝わる ビジネス英語 eメール編 CD-ROM付

※CD－ROMはWin･Mac対応

ビジネス英語を書くときに必ず使う表現だけを厳選。キーフレーズ154を収録。初めて英文eメールを書く人のための入門書。CD－ROM付なので簡単に自分のメールが作れる。

松井こずえ　著　A5判／定価1680円（税込）

仕事の活力に 英会話のネタに 英語名言集シリーズ <J新書>

夢を実現せよ、人を動かせ、創造せよ

世界のトップリーダー 英語名言集 BUSINESS

ビル・ゲイツ、ピーター・ドラッガーなど世界のビジネスリーダー125人の発言を収録。経営、リーダーシップ、創造などのエッセンスが英語でダイレクトに伝わる。全ての名言をCDに収録。

デイビッド・セイン／佐藤 淳子　共著　四六判変型／定価1050円（税込）

歴史を動かす、世界を変える、人々の心に響く

アメリカ大統領 英語名言集

ジョージ・ワシントンからバラク・オバマまで全歴代大統領の名言を1冊に収録。格調高い英語でアメリカの歴史が手に取るようにわかる。CDには、全ての英語名言を収録。

デイビッド・セイン／佐藤 淳子　共著　四六判変型／定価1050円（税込）

全国書店にて好評発売中！

商品の詳細はホームページへ　Jリサーチ出版　検索

http://www.jresearch.co.jp　Jリサーチ出版　〒166-0002 東京都杉並区高円寺北2-29-14-70
TEL03-6808-8801　FAX03-5364-531